JN280935

Das japanische Wohnhaus

建築家・吉田鉄郎の『日本の住宅』

DAS JAPANISCHE WOHNHAUS, 1935

吉田鉄郎＝著

近江榮＝監修
向井覚、大川三雄、田所辰之助＝共訳

鹿島出版会

DAS JAPANISCHE WOHNHAUS
by
Tetsuro Yoshida
Copyright © 1935 by Ernst Wasmuth G.m.b.H. Berlin, 1935
All rights reserved
including the right of reproduction
in whole or in part in any form.
Published 2002 in Japan
by Kajima Institute Publishing Co., Ltd.
Japanese translation rights arranged
with Ernst Wasmuth Verlag GmbH & Co.
through Japan UNI Agency, Inc., Tokyo.

監修者まえがき

　優れた日本の近代建築(モダニズム)の先駆者(ルーツ)ともなった吉田鉄郎が、建築家の眼をとおして日本建築を分析・解説し、本格的なドイツ語で著した名著——。建築家としての深い教養と洞察に裏づけられ、概説書の域をはるかに超えた著作が、このたび発掘、再評価され、訳本として復刻されることになった。知る人ぞ知る名著であるだけに、こうした機会が訪れることは、心ある読者や研究者たちのあいだでは密かに期待されていたのである。

　日本人がドイツ語で著作をまとめた事例は建築界では稀有なことである。吉田のドイツ語による『Das Japanische Wohnhaus／日本の住宅』(1935)、『Japanische Architektur／日本の建築』(1952)、『Der Japanische Garten／日本の庭園』(1957)は「三部作」として知られている。しかし、『日本の住宅』の初版が日本に輸入され店頭に並んだ当時は、好事家の話題にはなったようだが、一般の建築学生が旧制高校や大学予科での3年間の教育程度の語学力で読破することはきわめて困難なことであった。一方で欧米においては、この三部の大作がロングランのベストセラーズといわれるほどの評価が定着しており、『日本の住宅』および『日本の庭園』の2冊に関しては、すでに1950年代からロンドンとニューヨークで英語版が出版され、広く読まれてきた。

　吉田の最初の著作となる『日本の住宅』が刊行される以前は、外国語による日本の建築文化に関する著書としては、アメリカ人・E.モースの『Japanese Homes and

Their Surroundings／日本のすまい・内と外』(1886、邦訳1979、鹿島出版会、八坂書房)およびドイツ人・F. バルツァーの『Die Architektur der Kultbauten Japans／日本の建築芸術』(1907)などがわずかに紹介されていた程度である。そして、モースの著書をはじめに読んだ B. タウトは、あまりに民俗学的な立場からの視点に飽き足らなかったという。

そうしたなかで日本人建築家としての深い学識と豊かな感受性によって分析・解説された吉田鉄郎の著作の登場は、外国人にとってはきわめて新鮮な内容で、大きな興味をもって迎えられ、読み込まれたに違いない。

タウトは1933年、ナチズムに追われドイツから日本に亡命して以来、日本の建築・芸術など、広範にわたって見聞を広めながら研究をつづけていた。そしてわずか4年足らずの短い滞日期間中に、日本の建築はもちろん、文化全般にわたり、優れた鑑識眼をもって鋭く深い独自の評価をうちだし、多彩な著作をまとめあげているのはまさに驚異である。

まず『ニッポン』(明治書房、1934)、『日本文化私観』(同、1936)、そして『日本家屋とその生活』(三省堂、1937)および『日本美の再発見』(岩波新書、1939)がまとめられている。さらに新聞・雑誌に発表した、大小30数篇に及ぶ論文とエッセイなどがあり、これらの労作の源泉となった滞日中の克明な日記『日本』(邦訳1950～58、岩波書店)が圧巻であり、今なお研究者にとって貴重な資料ともなっている。

ここであえて私見と憶測を加えれば、外国人が、しかも4年足らずの短期間にこのような実績をあげた例をほかに索（もと）めることは困難であるし、それゆえにこの驚くべきタウトの優れた業績の陰には、建築家でありドイツ語

にもきわめて堪能であった吉田の存在が見え隠れしてくる。吉田とウィーンに数年留学の経験もあった上野伊三郎の両人による適切なガイダンスがなくては、英語があまり得意でなかったタウトが得られた情報・資料では到底なし遂げられなかったに違いない。とくに吉田とタウトの主張する日本建築に対する建築観の酷似性などからみても、その交流はきわめて濃密なものであったことが推察される。タウトにとって吉田の存在は大きな支えになったのであった。

事実、タウトは自著『Architektur Lehre／建築芸術論』(1936、邦訳1948、岩波書店)の文中で、A. ペレ、F. L. ライト、P. ベーレンス、T. ガルニエらと並べて吉田鉄郎の名を挙げ、つぎにW. グロピウス、ル・コルビュジエ、J. J. P. アウト、E. メンデルゾーン、ヴェスニン兄弟らの名を挙げており、タウトにとって世界に通用するといえた日本の建築家の存在は、当時では吉田鉄郎のみであったようだ。これはタウトのほかの著書においても、吉田に対して同様の扱いであるところから、いかにタウトが畏敬の念をこめて、吉田を高く評価していたかを知ることができよう。

このような吉田の三部作のうち、『日本の建築』は1953年に日本建築学会賞の業績賞を受賞した。学会賞受賞の弁として、吉田はつぎのように述べている。

> ……本書で筆者は一建築師の立場から、外国の建築家併びに建築に関心をもつ教養階級の外国人に日本の建築を紹介し、できれば日本文化の一端にも触れてみたいと思った。……まず建築と環境との関係を強調し、建築を環境から切離さずに常に環境も関連して扱うことにした。次に日本建築の中心は日常

生活のための建築、つまり住宅であって、仏寺建築の場合でも優れたものにはやはり住宅的な色彩が濃いというところから、この色彩を主題として書物を単一的に纏めたいと思った。挿絵にはわれわれの眼でみてほんとうに美しいと思うものを選び、たとえ建築史的に有名でも、現代建築の発展に貢献しないとか、有害だとかいうようなものはすべて省いた。「外国人向き」などという妥協的な考えをもたなかったことは勿論である。……（吉田鉄郎「拙著『日本の建築』について」『建築雑誌』1953年6月号、傍点近江）

このように、「歴史家としてではなく建築家の眼をとおして眺めた"日本の建築"の特質はいかなるものか」という問いかけは、自己の信念の表白でもあり、三部作を通底する吉田の理念ともいえるものであろう。しかし、これまで日本語で読むことができるのは唯一この学会賞受賞作のみであった（邦題『日本の建築——その芸術的本質について Ⅰ、Ⅱ』薬師寺厚訳、東海大学出版会、1972～1973）。

最初の著作『日本の住宅』の初版が出版された翌年の1936年、建築家・吉田鉄郎の代表作〈東京中央郵便局〉が丸の内に姿を現し、タウトによって「西欧の有名な建築家の後塵を拝するような点はひとつもない」「純日本的に簡素な性格をもつ現代建築」と絶賛される。1939年の〈大阪中央郵便局〉では架構を立面に率直に表現する手法をさらに徹底していくが、吉田の到達した日本的近代建築思想は、木造の単純明快さからの発想であり、構造的な建築の骨格は隠されず、同時に美的な形態として使われる。装飾的要素および色彩はわずかであり、材料の質感は完全にその効果を発揮し、建築の外も内も単

純さと清純さを反映している。タウトはこの清純さの表現を日本の人類の文化への独特の貢献として特筆されるべきであるとした。

『日本の住宅』は戦後の1954年に吉田自身の手で大幅に改訂されるが、おそらく三部作のうち、吉田の日本建築への理解がもっとも純粋に投影されているのは、日本の伝統と近代建築の相克のなかで著された初版の『日本の住宅』であろう。ポスト・モダン後の原点回帰として日本の伝統と近代建築が見直される今日に、復刻的な訳本を出版することの意義はそこにあると考え、翻訳にあたっての底本は初版とした。

吉田鉄郎の著作『日本の住宅』が、このたびSD選書に組み込まれる運びとなったことを誰よりも喜んでいるひとりである。そして鹿島出版会の企画担当者の見識に深い敬意を捧げる。

2002年5月
近江 榮

■ **本文中の脚注とルビは訳者による**

原書は日本人建築家がドイツ語で執筆し、1935年にドイツの出版社から刊行されたものである。
そのため、日本建築に関する学説がのちに書き換えられていることもあり、今日の一般的な評価と異なる原文の記述については、補説として脚注に付記した。
同様に、原書の対象読者がドイツ人であるため、日本独自の事象を説明的に記述した部分もある。これらについては逐語訳とせずに、原文での記述を原つづりのかたちで脚注に入れた。
原文に注記はない。

なお、以下の写真（桂離宮と修学院離宮）の複写・転載は、宮内省（当時）の許可にもとづくことが原書のクレジットページに記されている。
図 29、30、33、34、37、38、42、43、44、48、49、61、69、77、78、154、155、183、184、187〜190

カバーデザイン＝山口信博
本文デザイン＝高木達樹

はじめに

　日本は、高度に発達した住まいの文化を育んできた。また、この独自の文化は長い間、ヨーロッパ諸国の関心を集めつづけている。ヨーロッパ滞在中（1931年9月～1932年6月）にわたしは、現地の建築家たちが日本の住宅建築に多大な興味を抱いていることに驚きを隠すことができなかった。

　日本の住宅は美的に優れているだけでなく、世界のさまざまな住宅問題を解決へと導く、重要な指針を示している。このことをヨーロッパの建築の専門家に対して、また一般の人々に対して、わかりやすく説明しようと試みたのが本書である。しかし日本とヨーロッパでは、文化、生活様式、建物の成り立ちについてまったく事情が異なり、両者の比較は困難をきわめる。日本の住宅について外国語で解説するには限界があり、日本建築の専門用語に相当するドイツ語が見当たらないこともある。誤りや説明不足のところは、ぜひご指摘いただきたい。

　ここでは日本の古建築の写真を多数使用しているが、なかでも京都の桂離宮は日本の住文化の頂点ともいえる建築である。一方、現代の例としては、わたしが東京に設計した馬場牛込邸（1928年）を取り上げている。

　本書の出版を勧めてくれた、ベルリン在住の建築家フーゴー・ヘーリンクとルードヴィッヒ・ヒルバースアイマーの両氏、そしてヨーロッパ滞在中にお世話になった方々に、この場を借りて心から謝意を捧げたい。また、執筆にあたって資料収集に協力していただいた建築家・飯田亮二氏や、図版の作成を手伝ってくれた職場の同僚に感謝する。最後になるが、執筆や出版に大きな助力をいただいた、ベルリンのヒャルロッテ・ヨレス嬢に御礼を申し上げたい。

1935年初頭、東京

吉田鉄郎

参考文献

秋里籬島『築山庭造伝』第2巻、1828年
F.Baltzer, *Das Japanische Haus*, 1903, Berlin
藤井厚二『日本の住宅』1928年、東京
稗田阿礼『古事記』711年
伊東忠太『稿本日本帝国美術略史』建築之部、1916年、東京
北村援琴『築山庭造伝』第1巻、1735
Kümmel, "Japanische Baukunst", in; *Wasmuths Lexikon der Baukunst*, 1929, Berlin
前田松韻「寝殿造りの研究」『建築雑誌』第41巻491、492号、1927年、東京
中村達太郎『日本建築語彙』1905年、東京
大江新太郎『敷石、飛石、手水鉢』1929年、東京
岡田信一郎『日本住宅及茶室』(アルス建築大講座)、1926年、東京
大熊喜邦「江戸時代住宅概論」『建築世界』、1916年、東京
齋藤兵次郎『日本家屋構造』1903年、東京
澤田名垂『家屋雑考』1842年
千宗守『茶室』(京都美術大観)1933年、東京
重森三玲『庭園』(京都美術大観)1933年、東京
武田五一『住宅建築要義』1926年、東京
田村剛『造園概論』1925年、東京
龍居松之助『日本造庭法秘伝』1929年、東京
龍居松之助『日本庭園仕様』1932年、東京
戸田正三『住宅』(健康増進叢書)1929年、東京
保岡勝也『茶室と茶庭』1927年、東京
雑誌：『建築世界』『建築雑誌』『国民衛生』
図集：橋本基『聚楽』、川上邦基『京都御所離宮図集』、志賀直哉『座右寳』、吉田鉄郎『新日本住宅』1931年
補遺：
東京市『東京市役所在勤者生計調査』1932年、東京
財団法人同潤会『工場労務者の居住事情』1933年、東京
東京市『東京市不良住宅地区調査』1932年、東京
藤田元春『日本民家史』1927年、東京

目次

監修者まえがき ………………… V

はじめに ………………… XI

I. 序論 ………………… 1
気候 ………………… 4
建築材料 ………………… 6
習慣と価値観 ………………… 7

II. 歴史的発展 ………………… 11

III. 平面、間取り、室内意匠 … 49
平面 ………………… 49
居室 ………………… 53
   座敷（客間）
   居間
   床の間
   棚（床脇）
   書院
   押入と箪笥
   縁側

ユーティリティ ………………… 79
   台所

付属室 ………………… 80
   浴室
   脱衣室
   便所

通路空間 ………………… 85
   玄関
   前室
   廊下
   階段

蔵 ………………… 88

IV. 平面の実例 ………………… 93

V. 建築材料 ………………… 105

VI. 構造とディテール ………… 115
床 ………………… 121
壁 ………………… 122
天井 ………………… 124
屋根 ………………… 127
戸と窓 ………………… 127

VII. 換気、暖房、採光、給排水 … 145
換気 ………………… 145
暖房 ………………… 147
採光と照明 ………………… 150
給排水 ………………… 150

VIII. 庭園 ………………… 153

IX. 都市計画と住宅問題 ……… 172

補遺：標準化と構法 ………… 184

著作にみる建築家・吉田鉄郎 …… 191
『日本の住宅』の今日性
　——訳者あとがきにかえて ……… 203
索引 ………………… 215

1 ある住宅の客間（馬場牛込邸、東京、1928年）

I. 序論

　日本はこの数十年の間にさまざまな分野で急速な発展をとげた。1870年ごろから日本は西洋文化を受け入れはじめたが、それ以前の200年間は鎖国していたのである。このような国はほかに例がない。西洋文化の流入はおどろくほど速く、力強く転換をうながし、日本の生活様式や世界観に大きな影響を与えた。

　日本と西洋という、根本的に異なるふたつの文化の融合が現在進められているのだが、その結果はどのような様相を見せるのだろうか——この問いにいま正確に答えられる人はおそらくいないだろう。今日、このような見方で日本を描きだしてみても、その全体像は曖昧なままである。統一された生活習慣を共有する民族のすがたはもはや存在しない。そして、生活の器としての住宅もまた統一された形式を失っている。一般的で、普遍的といえるような住宅の形式を、現在の日本では見出すことはできない。

　日本の住宅の課題は、西洋文化を受容することで変化した生活様式に、あらためて適応していかなければならないという点にある。同時に、住宅政策についての社会的、経済的な問題も噴出している。

　建築材料、人々の生活習慣、価値観などは、気候や自然環境に大きく左右されるが、どの国でも住宅建築の発展にとって決定的な条件となる。とくに気候は重要な影響をおよぼす。時代を経ても、気候は毎年同じように繰り返され、大きな変化が生じることはないからだ。

　価値観や習慣、趣味などの要因も、たしかに気候や地理、そして地球物理学でいわれるようなその土地固有の性質に関係している。しかし、これらの要因はまず第一に、民族の性格によってかたちづくられる。民族の性格とは流動的なもので、とりわけ各民族間の活発な交流をとおして、考え方や習慣は相互に影響を与えあう。一方で、どの民族にも核となる固有の性質があり、これがほかの民族との決定的な違いをもたらすのである。

　日本の住宅は長い発展プロセスにおいて、気候や民族の性質、独自の生活様

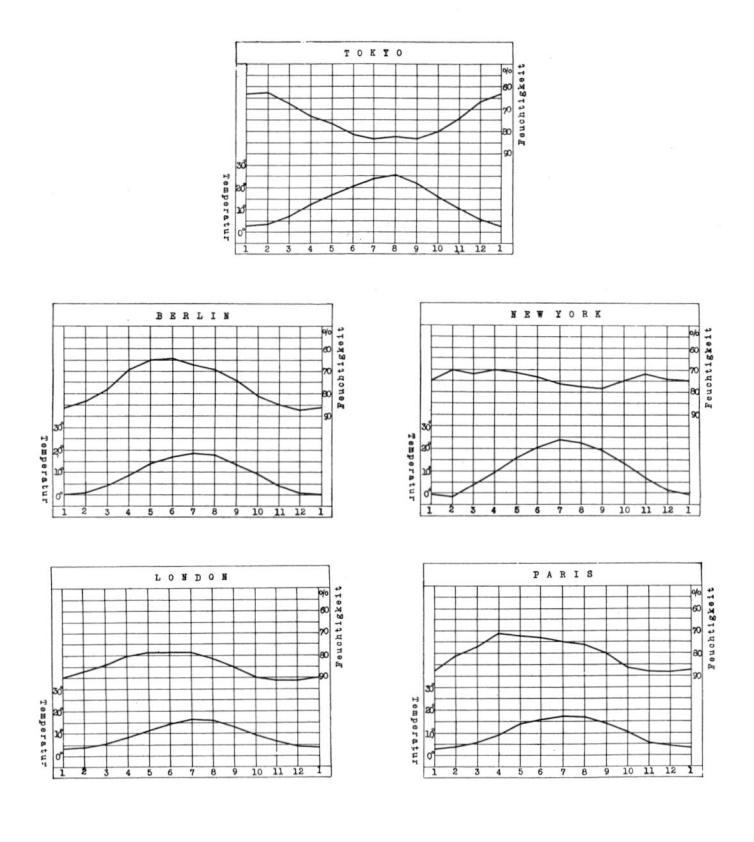

2　各国首都の気温 (Temperatur) と湿度 (Feuchtigkeit)

式に十分に対応してきた。だからこそ、高度な住文化がつくられてきたのである。しかし、ヨーロッパの文化が流入して以来、生活様式は急速に変化し、日本の伝統的な住まいはこの変化による新しい要求に適応できなくなった。たとえばつぎのような例を思い起こすことができる。いまなおつづく変化や新しい状況に住宅を順応させていくことの難しさを、もっともわかりやすく示してくれる例かもしれない。日本では公共の場において、また個人的な生活の場においても、長く習慣となってきた床に腰を下ろす座り方に代わって、椅子を使用するヨーロッパ式の座り方を取り入れはじめた。しかし、住宅用のあらゆる建築材料は、いまだにユカザ（床坐）に対応した寸法が標準となっているのである。

ほかの分野における技術的な水準の高さと比べると、日本の住宅はまだ発展の余地を残している。一方で、日本の伝統的な住宅は優れた独自性をもっているのである。たとえば以下のような点に、その独自性を見出せる。

1. 庭つきの戸建住宅が多数を占め、建物と庭のあいだに密接な関係がつくられている。
2. 平面計画に融通性があり、内部空間の分割が容易である。逆に、いくつかの部屋を一体化させて使用することもできる[*1]。
3. 戸や窓が数多く設けられ、外部に対して開放的である。そして、自然との緊密なつながりがある。
4. 造付け、あるいは可動の家具により、内部空間のすみずみまで利用することができる。
5. 自然の材料を加工せずに、美的に洗練させて用いている。
6. 木材は塗装されずに用いられることが多いため、木目や自然の風合いが保たれたままである。
7. 構造が建築の美しさと密接に関連している。
8. 簡素、明快、良質といった特徴を兼ね備えている。
9. 部屋の大きさや各部位の寸法が細部にいたるまで標準化され、短い工期で容易に建設できる。

---

*1. いくつかの部屋を一体化させて使用：die Auflockerung der Raume ＝空間をゆるめること

日本の建築家たちはいま、住宅の新しい形式を創造するという重要な課題に直面している。この課題に応えるためには、伝統的な住宅のもつ性質を基盤としながら、同時に新しい近代的な生活にも十分に対応していかなければならないのである。

気候

　気候は地理的条件と深い関係がある。長く伸びた列島に無数の小島が点在する日本の国土は、東経122°56′～156°30′、北緯24°02′～50°55′に位置している。細長いかたちの島国であるため、地方によって気候は異なる。しかし、本州は気候条件が共通しているので、ここでは本州の気候を中心に述べることにしたい。

　近年の研究によれば、高温低湿の気候が人間の身体に最良で、低温多湿のときはその逆であるという。この関係を世界各国の首都に当てはめてみると、どの都市も良好な気候条件にほぼ収まるのに対して、日本は例外的である【図2】。気温、湿度ともに夏は高く、冬は低い。夏は蒸し暑くじっとりとしていて、逆に冬は乾燥し、ドイツほどではないが非常に寒い【図3】。ヨーロッパと異なり、冬よりも夏の気候のほうが健康に悪影響を与えることは死亡者数の統計をみると明らかである。

　したがって、日本での住まいづくりは、第一に夏の気候に配慮することが大切である。ヨーロッパではむしろ冬の気候に気をつけなければならない。気温と湿度を上げる手段はいくらでもあるため、夏よりも冬に対処するほうが容易だが、下げる方法は——少なくとも住宅については——かなり限られてしまう。実際には、陽射しを遮り、通風を良くすること以外にないのである。

　また、降水量が多いことも日本の気候の大きな特徴である【図3】。たとえば、台湾のある地域で1日に降る雨の量は、ドイツの年間降水量に匹敵する。

　降水率も高く、6月と7月は毎日のように細かな雨が降りつづき、空は厚い雲におおわれる。梅雨(つゆ)*2 といわれる日本の雨期である。湿度が高く気温が上昇してカビを発生させ、木を腐らせる。引出しや箪笥(たんす)のなかの衣服、本などにカビ

---

*2. 原文では"Nyûbai"(入梅)と表記。

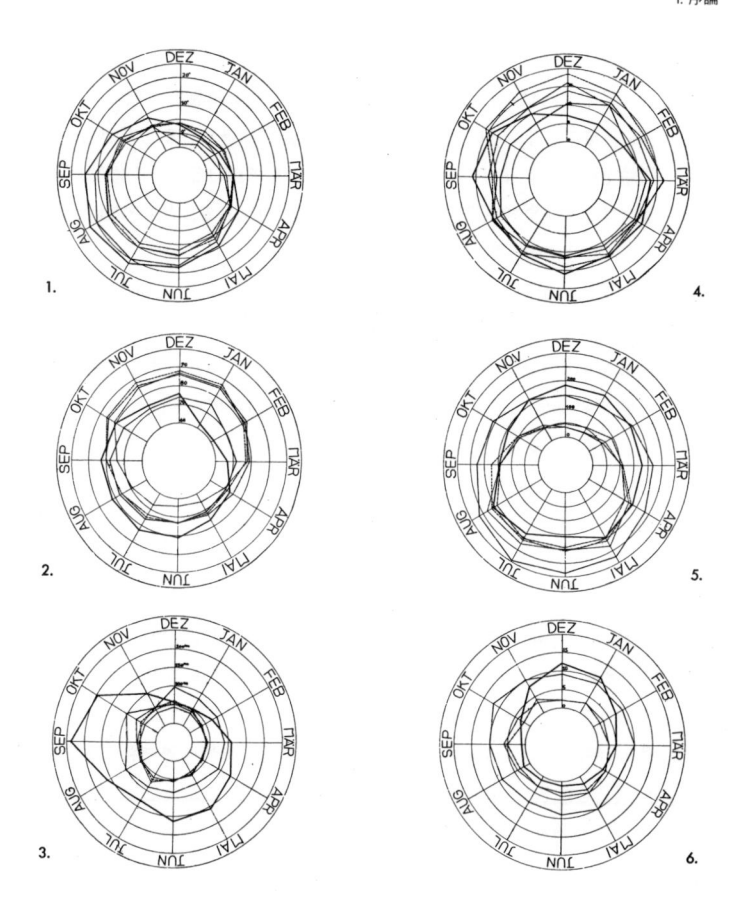

3 各国首都の気候 (月平均)
1. 気温、2. 湿度、3. 降水量、4. 降水回数、5. 日照時間、6. 快晴日の回数
────東京　……………ベルリン　── ── ──パリ　─・─・─・ロンドン　─・・─・・─ニューヨーク

が付着する。

　家を建てるときには、こうした気候に直接影響される要素を考慮に入れることがとても重要である。そのため、以下のような点に気をつける必要がある。

1. 衛生上の観点により、1階の床は地面から離して設ける。土の湿気が家に侵入するのを防ぎ、床下に空気の流れをつくり出して、湿気で木材が腐敗しないようにするためである。
2. 雨や陽射しから戸、窓、壁面を保護するために、屋根はできる限り深く張り出す。
3. 通風を良くするため、開口部を多くとり、固定壁を少なくする。窓や戸の位置を変えたり、取り外したりして、いくつかの部屋を一体化させて使用できるようにするためである。
4. 強い陽射しを遮り、南面する居室に日陰をつくるために、南側には必ず縁側を設ける。

建築材料

　多様な樹木を豊かに育む日本では、木がおもな建築材料となる【第Ⅴ章を参照】。1930年の調査によれば、森林の面積は3,280万ha、国土の全面積に占める割合は48.7%である。ちなみにドイツではそれぞれ、1,280万ha、27.1%である。多くの樹種が建築材料として利用でき、古来より木造建築が世界でも例をみないほどに発展してきた。

　石やレンガも建築材料として古くから知られているが、日本で普及しなかった理由はつぎのような点にある。まず、建築材料に適した樹木が豊富にあり、当然のようにその利用が推し進められてきた。また、気候条件を考えると、木造から組積造への転換には妥当性がない。なぜなら、先述のように、湿りきった暖気を排出するために大きな開口部が必要となるからである。つまり、日本人が用いてきた柱梁構造のほうが、組積造よりも明らかに優れている。また木造は、耐震性という観点からも、石造より危険性が少ない。

　木造建築の伝統を受け継いできたことの背景には、日本人に独自の、清純[*3]

[*3]. 清純：Sauberkeit（ubertriebene Reinlichkeit）＝清廉（過度の純粋性）

という美意識がある。かつては、家族のなかに死者がでると、家を捨てて新しく建て直していた。この古い風習に、伊勢神宮の式年遷宮の起源を求めることもできる。伊勢神宮は20年ごとに解体され、また新しく再建される。神域をかたちづくる伊勢神宮は、日本の住宅の原型を今日に伝えるが、この例に端的に示されているように、日本では建物の維持そのものにはあまり関心が払われないのである。

習慣と価値観

床に腰を下ろして座る習慣は、日本の住宅に大きな影響を与えた。人々は座ぶとんの上でひざを折り、かかとの上に腰を載せて座る。座ぶとんは畳が敷かれた床の上に置かれ、また寝るときにはベッドを用いずにふとんの上に横になる。ふとんは床面に直接敷かれ、昼間は折りたたんで押入に仕舞われる。こう

4　座敷からみた庭の風景

5　裏千家宗家の住宅内の茶室（京都、18世紀、『聚楽』より）

することで部屋の空間を効率的に使うことができる。そして、床に座るこの習慣に合わせて、天井や家具の高さも低くなっているのである。

　このような独自の建築が生まれた理由を知るためには、人々の自然観*4 を理解しなければならない。日本人の感情や考え方は自然と強く結びつけられており、人々は自然に順応し、したがおうとする。自然と一体化したいという願望は、小さな家であっても必ず庭があることに顕著に表れている。また、窓や戸の位置を自在に変えたり取り外したりすることで、室内を戸外に広く開放し、家と庭との緊密なつながりをつくり出すのである【図4】。冬であっても、自然を観賞し

---

*4. 自然観：die Psyche ＝精神、心理

楽しむことができるように、窓や戸は開放されたままである。寒さに耐えて、それを克服して、自然に適応しようとするのである。子供たちも幼いころより、自然への接し方を教えられる。「子供は風の子」というように、風雨でも親たちは子供を戸外に送り出すのである。

　住宅が自然に適応するようにつくられていることで、さまざまな利点が生まれる。しかし一方では、自然に順応して、自然に打ち勝つことをあらかじめ断念しようとする心性は、近代技術の進歩の遅れの要因になっている。

　それでは、住宅建築の説明にふたたび戻りたい。

　日本の住宅にみられる多くの特徴は、このように日本人の自然への愛着から生まれている。材料を自然のままの状態で用いるのもそのひとつの表れである。さまざまな種類の木の樹幹が、その木が立っていたときと同じ状態で、柱や梁の材料として使われる【図5】。製材された木材も、塗装をせずに用いることが多く、木目や自然のままの風合いが独特の効果を発揮する。わざとらしい装飾は好まれず、華美な色彩や複雑なかたち、見せかけだけの趣味も排除される。

　歴史を遡ってみると、中国の強い影響下にあった時代に、鮮やかな色づかいや複雑な形態に対する嗜好が強くなった。しかしこうした流行は長つづきせず、やがて落ち着いた色合いや直線をモチーフとしたかたち、簡素な形態がふたたび好まれるようになった。部屋をあまり飾り立てず、絵や花器、什器を置く場所も少ないのは、このような感性によるものである。こうした嗜好は、日本人の控え目な心性を反映したものにほかならない。

　今日の住宅のデザインは、これまでの歴史的な発展の成果を集約したものである。その特徴を深く理解するためには、日本の住宅の歴史について知る必要がある。とくに芸術的な観点から、しかも具体的な事例にもとづいてみていくことが重要である。

6 寝殿造の縁側（1300年ごろ、絵巻『狭衣物語』より、図17〜20を参照）

II. 歴史的発展

　日本の住宅の原型は、大地の上で垂木を交差させ、切妻の屋根をかたちづくったときにはじまる。垂木は母屋桁と結ばれ、屋根は葦で葺かれる。この原始的な様式を天地根元宮造と呼んでいる【図7】。

　地面が湿気を含んでいるために、床はしだいに高く設けられるようになった。そして、床に畳が敷かれるようになるが、当初の畳は今日よりかなり薄いものである。

　現存する出雲大社は再建されたものだが、その本殿は紀元前660年ごろに建立[*5]されたときの様子を伝えており、住宅の発展に影響を与えたと考えられている。本殿は高床式で、四辺形の平面の中央に柱が置かれている。四周を囲む壁のうちの一面に向かって、柱から垂直に間仕切り壁が挿入されている。建築の内部空間の分割がここからはじまったといわれる。この中央の空間の周囲には、外部に開放された回廊がめぐらされている。出雲大社本殿は、古代の建物の平面形式を今日によく伝えているのである【図10】。

　そして、552年に中国の文化が仏教とともに伝来し[*6]、建物の様式についても多大な影響を与え、中国の住宅に似た建築が日本でもつくられるようになる。この時代の遺構として挙げられるのが、700年ごろに橘夫人の住宅として建てられた、奈良の法隆寺伝法堂である【図12】。壁が多く窓の少ない点が中国の影響と考えられるが、開口部が少ないため、日本の気候にはあまり適さない。

　この時代は建築といえば宗教施設を指し、住宅建築はあまり進歩しなかった。つぎの時代になって貴族階級が盛期を迎え、日本独自の趣味と考え方にもとづき、それまでの発展の成果を吸収して、最初の住宅の様式が生まれた。

　それは貴族たち上流層の住宅様式として1000年ごろに大きな展開をみせたもので、寝殿造と呼ばれている【図13～20】。寝殿といわれる主室を囲うようにい

[*5]. 今日の見解では、出雲大社の創建年代は確定されていない。なお、現存する本殿は1744年の再建である。
[*6]. 仏教伝来に関しては、538年とする説(『上宮聖徳法王帝説』『元興寺縁起』)と552年の説(『日本書紀』)がある。

第1段階　　　　　　　第2段階

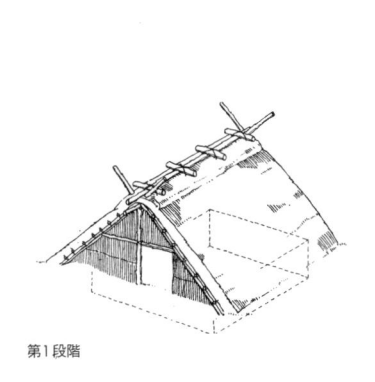

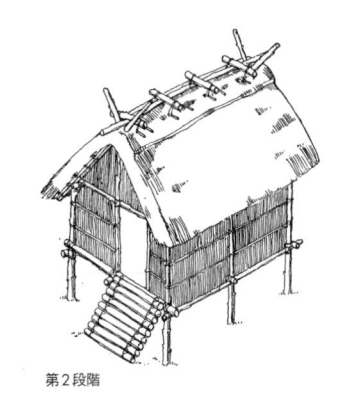

7　最古の日本の住宅形式

くつかの棟が配置され、それぞれがたがいに廊下によって結ばれている。寝殿は儀式のための空間でもあり、つねに南面している。そして、居室となる対屋(たいのや)が、寝殿の北側、東側、西側に置かれる。東と西の対屋から南に向けて廊下、渡殿(わたどの)が張り出し、この渡殿をとおって人工の池のほとりにある小さな園亭へ行くことができる。東側の園亭は井戸をもつ泉殿(いずみどの)、西側は釣りに興じるための釣殿(つりどの)である。寝殿は母屋(もや)という単一の部屋だけからなり、その周囲を庇が取り囲み、さらに庇の外周に幅の狭い濡れ縁*7がめぐらされる。対屋も、寝殿と同様にひとつの部屋しかもたず、その周囲を縁側と濡れ縁が囲んでいる。

　当時の建築材料はすでに標準化*8されていた。これは、木材を建築材料としていることに起因しており、柱間や各部屋の寸法に表れている。寝殿の広さは、奥行き5間、幅6〜8間である*9。柱間は10尺(3.03m)で、現在よりも大きい。

---

*7. 濡れ縁：eine schmale offene Veranda ＝幅の狭い、戸外に開放された縁側
*8. 標準化：Normung ＝標準化、規格化
*9. 当時の建物は、中央の母屋(もや)と呼ばれる部分と、周囲の庇(ひさし)と呼ばれる部分からなっている。母屋の周囲に徐々に庇が加わり、発展していったと考えられている。間面記法(けんめんきほう)という表現によれば、3間4面の寝殿といえば、母屋の正面の柱間の数が3つで、4面に庇がつくことを指している。側面の柱間は通常2間と決まっていたので表記しない。5間4面の寝殿は、正面7間、側面4間となる。なお、本文中の「5間×6〜8間」という説明については原著者の意図が不明だが、あえて推測すれば、正面の柱間が「6〜8間」で、4面の庇がつき、さらに正面に孫庇がついて側面の柱間が「5間」となることを意味しているのだろうか。

寝殿造の床は高床式で、板張りである。畳はこの時代、今日とほぼ同じ厚さになっていたが、床の全面に敷かれることはなかった。座ったり、横になったりする場所にだけ置かれたのである。

また、外部に対してより開放的になっていったのもこの時代の特徴である。窓の楣材(まぐさ)に木板が取りつけられ、上に引き上げるようにして開け放つ、蔀戸(しとみど)が生まれた。引き上げられた木板は鉄製の留金で固定される。蔀戸は、古代の原始住居の入口に吊り下げられていた筵(むしろ)が進化したものと考えられる。筵も、蔀戸と同じように、上に持ち上げるようにして開閉するからである。寝殿造の屋根は檜皮葺き(ひわだぶき)【第V章を参照】が多い。窓の室内側には、簾(すだれ)といわれる、葦でつくった幕が吊り下げられる。

玄関は両開き戸である。縁側と各部屋の仕切りは、壁紙のような厚紙を両面に貼った、襖(ふすま)を用いる。また、大きな空間を自由に区切って使用するために、持

8 岐阜県白川郷の農家：日本の住宅の原型を伝える

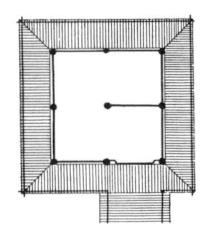

9-1 出雲大社（島根県、図10を参照）

9-1,2 神社建築の平面：初期の住宅の形式を伝える

10 出雲大社（島根県、図9-1を参照）

ち運びのできる、間仕切り用の調度家具が使われた。衝立として用いる屏風や、可動の台座に絹布を掛けて使用する几帳などである。造付け家具はこの時代にはまだ存在せず、生活上の必要に応じてさまざまな家具がその都度設置された。たとえば二階厨子は可動棚の一種で、のちの造付けの箪笥や戸棚の原型となったものである。

寝殿造は10世紀から15世紀末にかけて展開していったが、一方で13世紀のはじめごろにはサムライと呼ばれる武士階級の様式、武家造*10 が生まれた。貴族階級の華美な住宅に比べ、簡素で質朴なものである【図21】。

玄関と書院は、かつては僧侶たちの住宅だけに設けられていたが、しだいに武士の住宅にも取り入れられていった。この過渡的な様式はさらに展開をみせ、寝殿造と融合することによって第二の様式である書院造を生みだすことになる。

1467年の応仁の乱によって家屋が全焼した京都の再建にあたって、書院造は規範となる様式として普及していったのである。当時の書院造は、今日みられるものとあまり違いがない。現在までつづく書院造の原理は、この時代につく

---

*10. 寝殿造から書院造への過渡的形式である中世の武士の住まいを「武家造」、あるいは「主殿造」と呼ぶ。

9-2 伊勢神宮（三重県、図11を参照）

11　伊勢神宮：住宅の構造形式の始源を伝える（三重県、図9-2を参照）

られたものである【図22】。

　寝殿造が左右対称の平面形式を理想形としているのに対し、書院造は非対称形で、その平面形式も多様である。とくに、引戸を用いることで、内部が小さな部屋に分割される点に特徴がみられる。また、この時代には床の全面に畳が敷かれるようになった。さらに、窓や戸の建具の材料として、薄く透光性のある障子紙が使われはじめ、明障子が生まれた。

　このころ壁には、絵を掛けるための床の間や、棚を壁に造り付けるための凹部が設けられるようになった。この棚がのちの造付け戸棚の原型である。縁側はすでに今日と同じような形状に発展している。のちに縁側は、木製の引戸、雨戸を取りつけて、外部から閉ざすことができるようになった【第III章および第IV章を参照】。

　この時代の遺構としては、京都鹿苑寺の金閣（1397年）【図23】、そして京都慈照寺の東求堂（1473年）が代表的である[11]。それぞれ、北山殿と東山殿の一角に位置している。

---

[11]. 鹿苑寺金閣および慈照寺東求堂は、ともに建設年が明確ではない。鹿苑寺金閣は1397（応永4）年に造営が着手され、翌1398年には足利義満が移り住んだことが判っている。また、慈照寺東求堂は、1486（文明18）年3月の完成を予定して造営が進められていたことが判明している。

12 伝法堂(橘夫人の住宅、739年):現在は奈良法隆寺の東院伽藍の一部となっている

　この時期、茶の湯といわれる飲茶の作法が、住宅建築に決定的な影響を与えた。茶の湯は、12世紀末に仏教の僧侶によって中国から伝えられ、16世紀半ばに茶匠・千利休(1522〜1591年)の手によって完成をみた。今日でも盛んにおこなわれ、宗教的、哲学的、審美的な儀式であるとともに、一方では社交を目的としたものでもある。そして茶の湯には、茶室と呼ばれる特別な建物が必要となる。やがて茶室は芸術的に洗練されるようになり、住宅建築の発展のひとつの契機となった【図44、45】。

　茶室は住宅の一角に設けられるか、独立した園亭として建てられる。規模は4畳半以下であることが多く、水屋という小さな流しが組み込まれる。また、茶庭と呼ばれる庭園に対面させてつくられる場合が多い【第Ⅷ章を参照】。

　茶室の建築的、造形的なモチーフは農家などに見出され、さまざまなかたちが考案された。建築家、造園家、インテリアデザイナーの役割も果たす茶匠は、茶の湯の精神にもとづいてデザインをおこなう。茶匠たちの影響を受けることで、住宅は簡素で静謐になり、風土に根ざし、茶の湯の精神を反映したものに変化していったのである。

　そして、宗教建築をのぞいて、この時代でもっとも美しく、重要な建物である

京都の桂離宮は、利休の弟子の小堀遠州によって設計されたといわれている【図28〜47】*12。

1600年ごろになると徳川幕府による政治がはじまり、社会構造が大きく転換した。集権的な体制を整えた幕府は、民衆に節制をうながし、華美な住宅の建設を禁じたのである。公家、武士、商人、農民のそれぞれの階級に応じて、住宅の規模や調度などを規制する法律が定められた。いわゆる明暦の振袖大火(1657年)以降、規制はより細部におよび、厳しい内容になっていく。住宅の規模が厳密に決められ、建物だけでなく、庭の門や塀についても細則が設けられた。

その結果、各階級に独自の様式が生まれ、建築材料がそれぞれ標準化されていった。こうした傾向が顕著になっていったのは、商人が経済的な基盤を固めて新しいタイプの住宅を建設しはじめたことや、火事で焼失した家を大量かつ迅速に再建する必要があったことによる。標準化の時代というのは、先行する創造的な時代の反動であるといえる。こうして各階級ごとに、住宅の新しい形式がかたちづくられていったのである。

木割*13の完成もこの時期である。木割は伝統的な構法を体系化したもので、建築の構造や装飾など、細部寸法に規範となる単位を与える。当初は棟梁が大工職人たちの仕事を簡略化するために用いていたのだが、やがて伝統的な技術として定着し【巻末の補遺を参照】、建設の組織化を可能にした。この時代の住宅に大きな革新はみられないというが、上述のような社会背景を考えれば、標準化が住宅建築に応用されたことはひとつの進歩だったといえる。

19世紀後半、西洋文明が前触れもなく日本に到来した。そのため旧来の生活秩序は動揺をきたし、さまざまな分野で大きな変化が起こった。たとえば、椅子に腰掛けるヨーロッパ式の座り方が、実用性と健康上の理由によって導入されるようになった。しかし、生活に深く根ざし、その便利さを知りつくしているような習慣は、簡単に変えられるものではない。そのため、複数の生活様式が併

---

*12. 桂離宮書院は3度の造営によって成立したとされる。古書院は1615(元和元)年ごろ、中書院は1641(寛永18)年ごろとされ、正保・慶安年間(1644〜52年)にはほぼ完成されていたと考えられる。また、小堀遠州が桂離宮の造営に関係したことを立証する資料はない。おそらく宮廷や幕府に仕える技術者の指導監督により、職人集団の手で建設されたと考えられる。施主である智仁親王と智忠親王の好みが強く反映されている。
*13. 木割：die Kiwariho-Methode ＝木割法

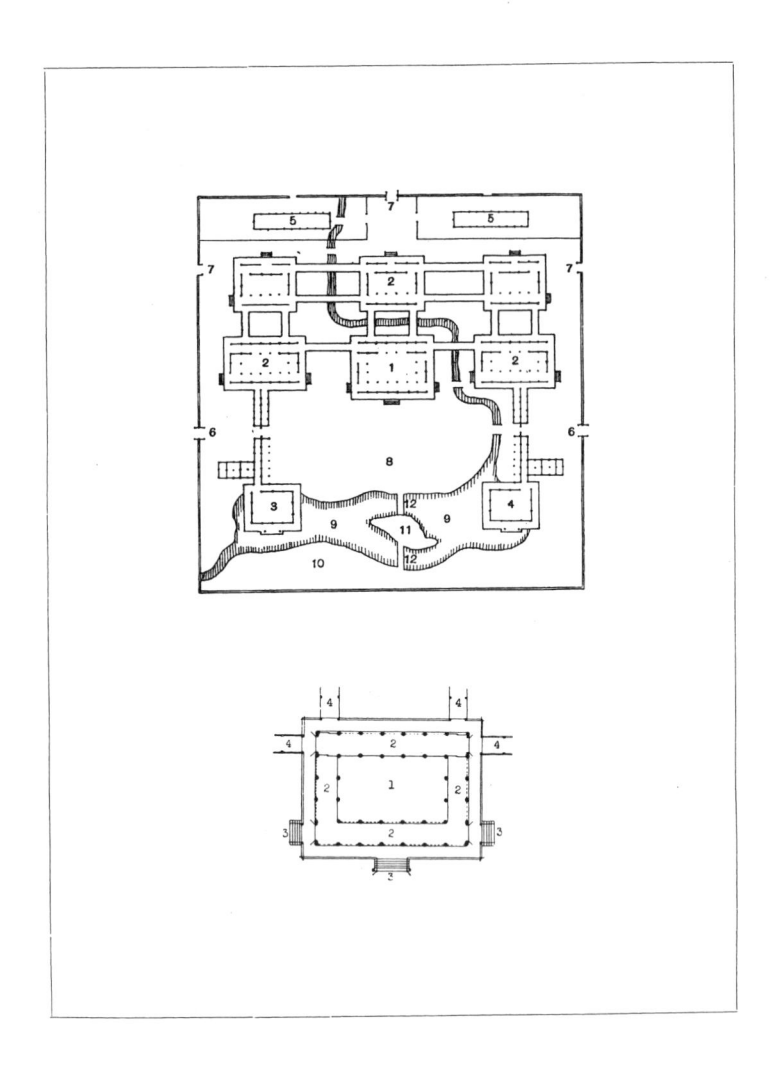

13　寝殿造：配置図【図14～16を参照】
1.寝殿、2.対屋、3.釣殿、4.泉殿、5.雑舎、6.正門、7.勝手門、8.庭、9.池、10.築山、11.中島、12.橋

14　寝殿：平面図【図17～20を参照】
1.母屋、2.庇、3.木製の階段、4.廊下

II. 歴史的発展

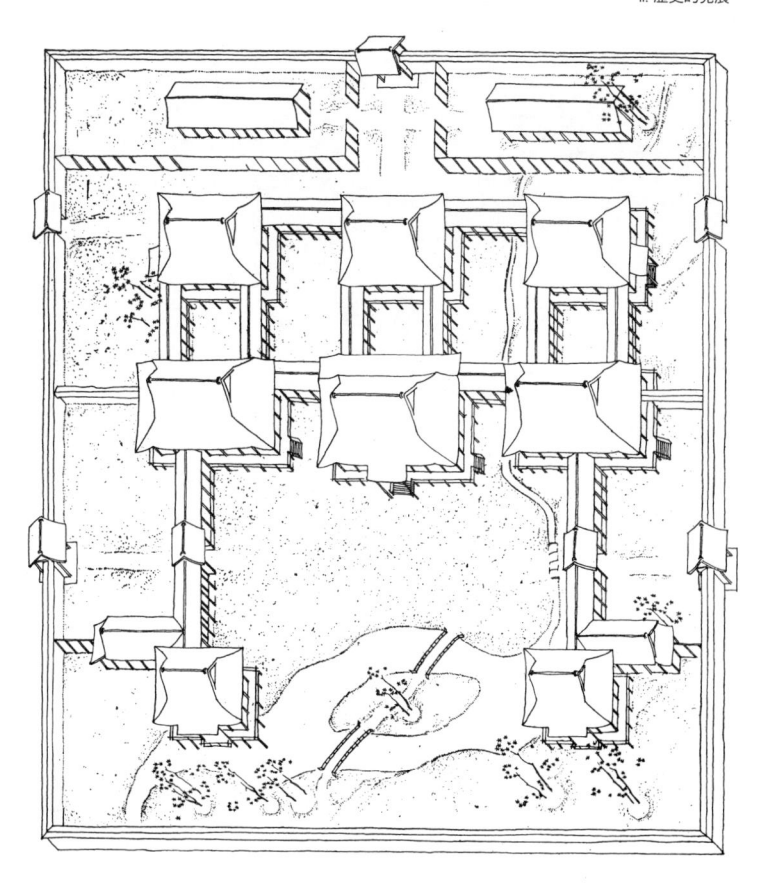

15 寝殿造による上流住宅

16 寝殿造の住宅（1200年ごろ、京都神護寺蔵「山水屏風」より）

存することになり、それに応じて住宅の形式を変化させる必要が生じてきた。現在では、おもに3つの形式の住宅がみられる。

1. 伝統的な日本の住宅。窓や戸にガラス製建具を使うなど、限られた部分だけに西洋文明の産物が取り入れられている。
2. ヨーロッパと日本の要素が混在している住宅。とくに玄関、食堂、書斎にヨーロッパのデザインや設備が用いられることが多い。
3. ヨーロッパとまったく変わらない住宅。

このなかでは1のタイプの住宅が今日もっとも普及している。関東大震災(1923年)以前は、木造だけでなくレンガ造や石造の建物が建設されることもあった。しかし、これらの建物は震災で壊滅的な打撃を受けたために、木造建築を耐震化したり、鉄筋コンクリート造の建物が試みられるようになった。

II. 歴史的発展

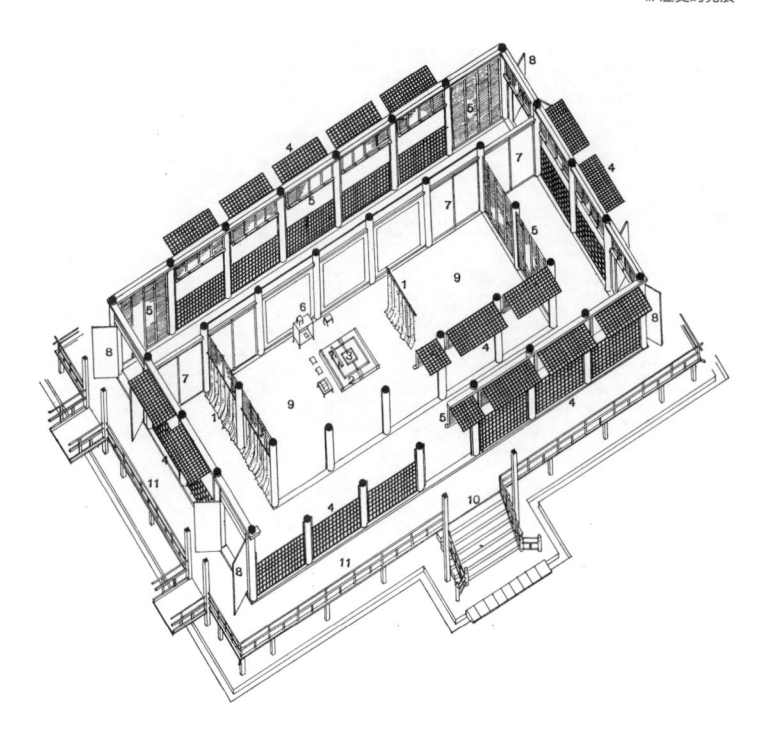

17 寝殿の調度品【図6、18〜20を参照】
1. 几帳（きちょう：幕を掛け渡した可動の台）、2. 畳、3. 茵（しとね：クッション）、4. 蔀戸（しとみど：木製の跳ね上げ窓）、5. 簾（すだれ：葦のカーテン）、6. 二階厨子（にかいずし：可動棚）、7. 引戸、8. 開き戸、9. 板張りの床、10. 木製の階段、11. 濡れ縁

21

18　寝殿造の居室と縁側（1300年ごろ、絵巻『石山寺縁起』より）

　日本の住宅の歴史的展開を概観したが、先に述べたように、新しい住宅の形式を創造する必要性が今日ふたたび生じてきていることに注目したい。
　日本の住宅は、気候や風土、また長い時間を経てつくりあげられてきた生活様式に見事に対応してきた。しかし、ヨーロッパの影響を受けて以来、つぎつぎと新しくなる生活の要求に対して、十分に応えきれなくなったのである。
　ヨーロッパの影響は、現代の日本の建築に色濃く表れている。日本の建築はこれまでも、外国、とくに中国からの影響をたびたび受け、その性質を取り込み、日本の風土や感性に順応させてきた。今日においても、風土に適した要素のみを受け入れることで、一層の進歩を目指すことが期待されている。伝統的な日本の住宅と、近代的な生活様式に対応した住宅を融合させる方法があるはずである。そのためにはやはり、日本の住宅のもつ独自の性質をよく知っておかなければならない。この点について、つぎに詳しくみていくことにしよう。

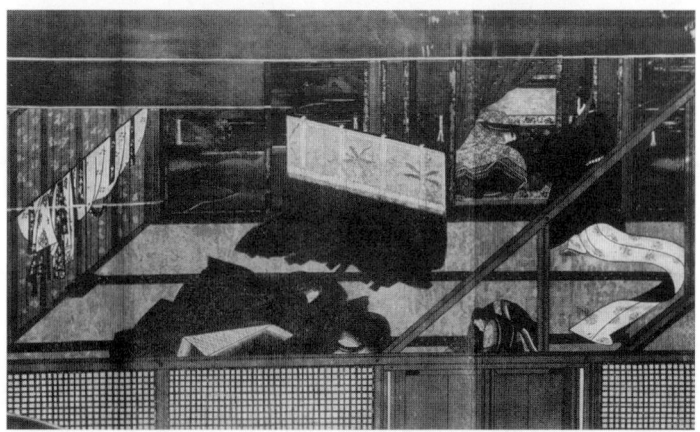

19 寝殿造の居室 [I]（1300年ごろ、絵巻『春日権現験記』より）
20 寝殿造の居室 [II]（同上）

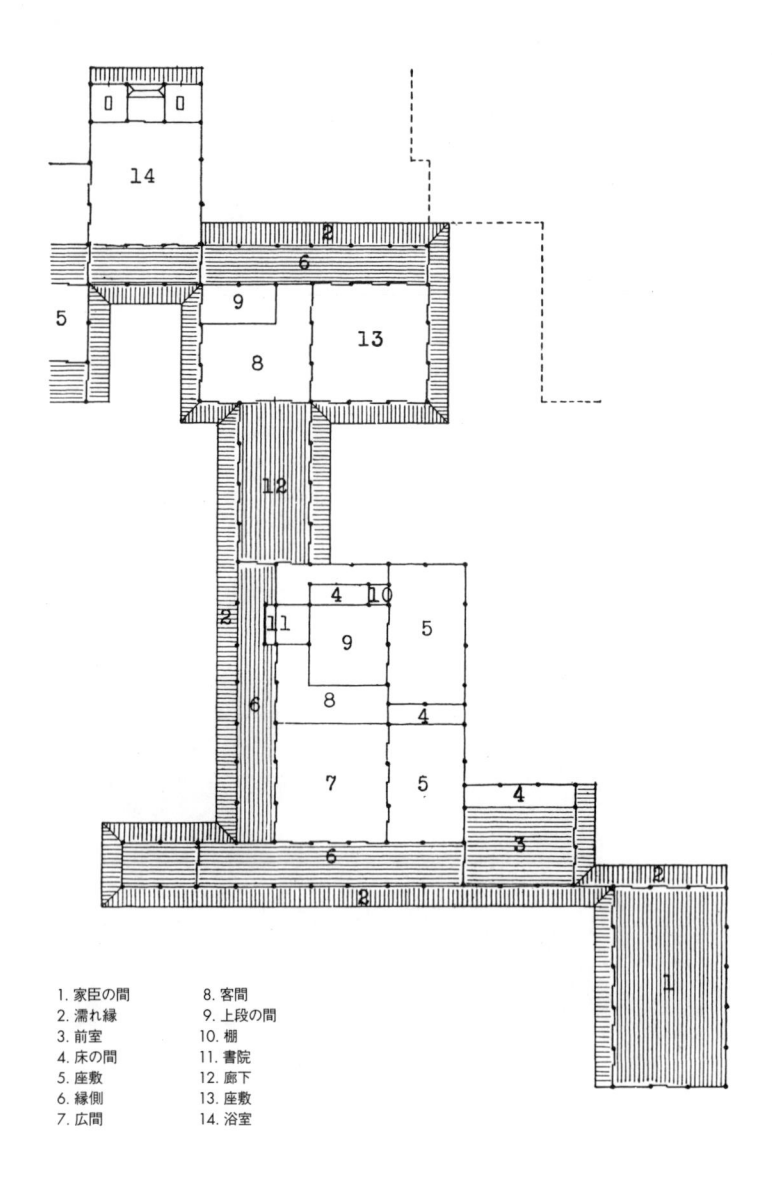

1. 家臣の間
2. 濡れ縁
3. 前室
4. 床の間
5. 座敷
6. 縁側
7. 広間
8. 客間
9. 上段の間
10. 棚
11. 書院
12. 廊下
13. 座敷
14. 浴室

21　武家住宅の平面例（部分、1400年ごろ）

II. 歴史的発展

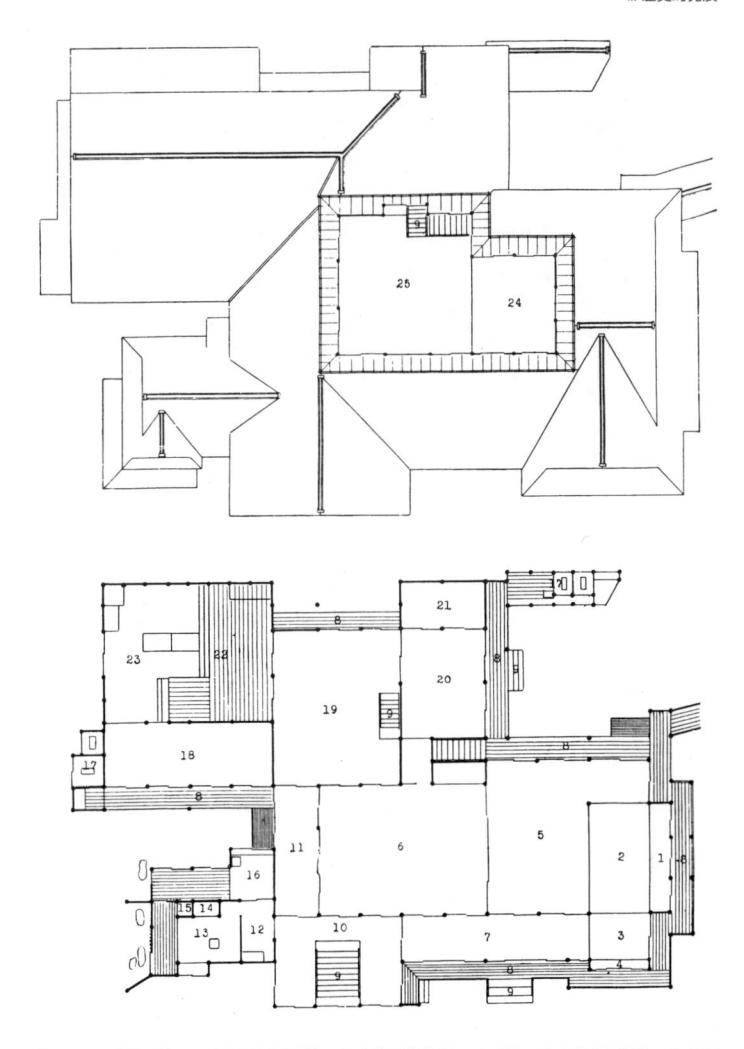

1階　1. 一段高い間、2. 中段の間 (7畳半)、3. 上段の間 (3畳)、4. 書院、5. 主室 (20畳半)、6. 付属室 (25畳半)、7. 畳敷きの縁側 (9畳)、8. 濡れ縁、9. 階段、10. 石階段のある船入の間 (6畳)、11. 6畳間、12. 水屋、13. 茶室、14. 床の間、15. 棚、16. 2畳間、17. 便所、18. 中庭、19. 座敷 (21畳)、20. 座敷、21. 納戸、22. 台所、23. 土間
2階　24. 上段の間、25. 主室

22　西本願寺〈飛雲閣〉：平面図

25

23 鹿苑寺〈金閣〉(京都、『聚楽』より)

24 西本願寺〈飛雲閣〉(同左)

25 〈臨春閣〉(横浜三渓園内、『聚楽』より)

II. 歴史的発展

26 〈臨春閣〉の座敷（同左）

27 〈聴秋閣〉(横浜三渓園内、『聚楽』より)

II. 歴史的発展

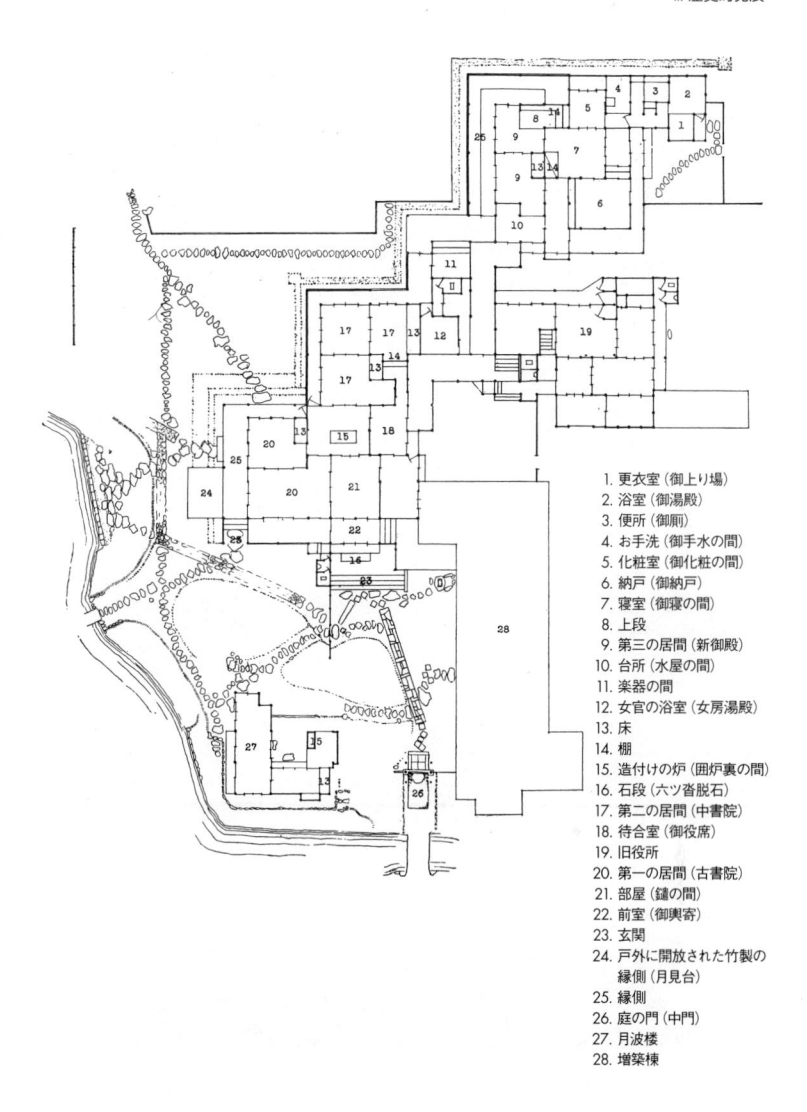

1. 更衣室（御上り場）
2. 浴室（御湯殿）
3. 便所（御厠）
4. お手洗（御手水の間）
5. 化粧室（御化粧の間）
6. 納戸（御納戸）
7. 寝室（御寝の間）
8. 上段
9. 第三の居間（新御殿）
10. 台所（水屋の間）
11. 楽器の間
12. 女官の浴室（女房湯殿）
13. 床
14. 棚
15. 造付けの炉（囲炉裏の間）
16. 石段（六ツ沓脱石）
17. 第二の居間（中書院）
18. 待合室（御役席）
19. 旧役所
20. 第一の居間（古書院）
21. 部屋（鑓の間）
22. 前室（御輿寄）
23. 玄関
24. 戸外に開放された竹製の縁側（月見台）
25. 縁側
26. 庭の門（中門）
27. 月波楼
28. 増築棟

28　桂離宮：平面図（京都）

29 桂離宮:庭園側外観
30 同上:主玄関前庭

II. 歴史的発展

31 桂離宮：庭園側の隅部 [1]（『京都御所離宮図集』より）

32 桂離宮:庭園側の隅部［II］(『京都御所離宮図集』より)

II. 歴史的発展

33 桂離宮：古書院と竹を敷いた月見台
34 同上：月見台からみた庭園

35 桂離宮：戸外に開放された竹の床の月見台と庭園からの入口部分

II. 歴史的発展

36 桂離宮古書院一の間(『京都御所離宮図集』より)

37 桂離宮新御殿：一の間と二の間の前の入側縁。板張りと畳敷きで構成される
38 同上：一の間の「桂棚」

Ⅱ. 歴史的発展

39 桂離宮新御殿：二の間から一の間をみる。欄間の造作で名高い（「月」の字をくずしたかたちの格子）

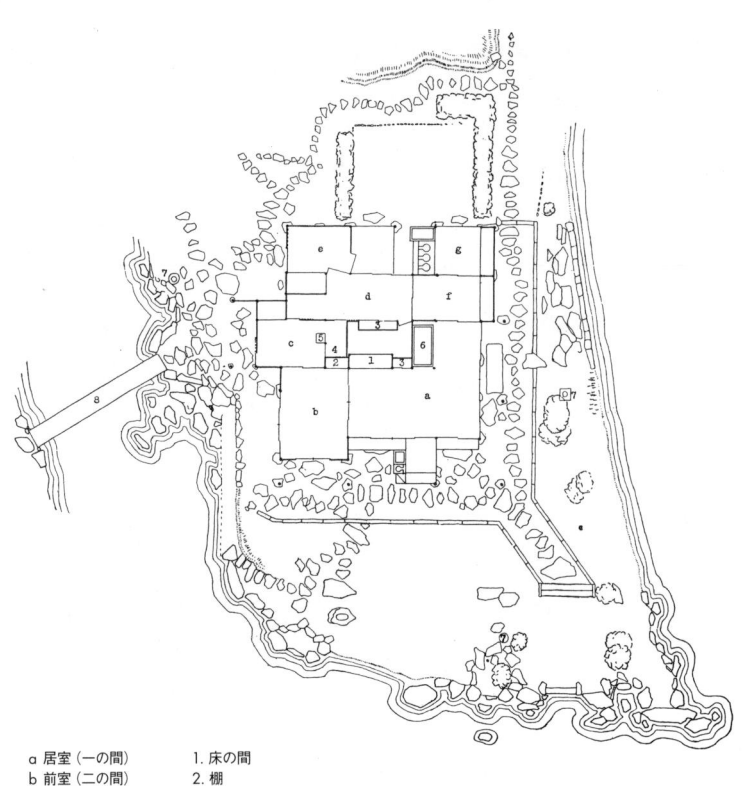

a 居室（一の間）
b 前室（二の間）
c 茶室
d 配膳室（後の間）
e 水屋
f 部屋（次の間）
g 台所（板間）

1. 床の間
2. 棚
3. 戸棚
4. 釣棚
5. 造付けの炉
6. 炉床
7. 石灯籠
8. 石橋

40　桂離宮庭園内の茶亭〈松琴亭〉：平面図

II. 歴史的発展

41 桂離宮〈松琴亭〉：外観（『聚楽』より）

42 桂離宮〈松琴亭〉:外観
43 同上

II. 歴史的発展

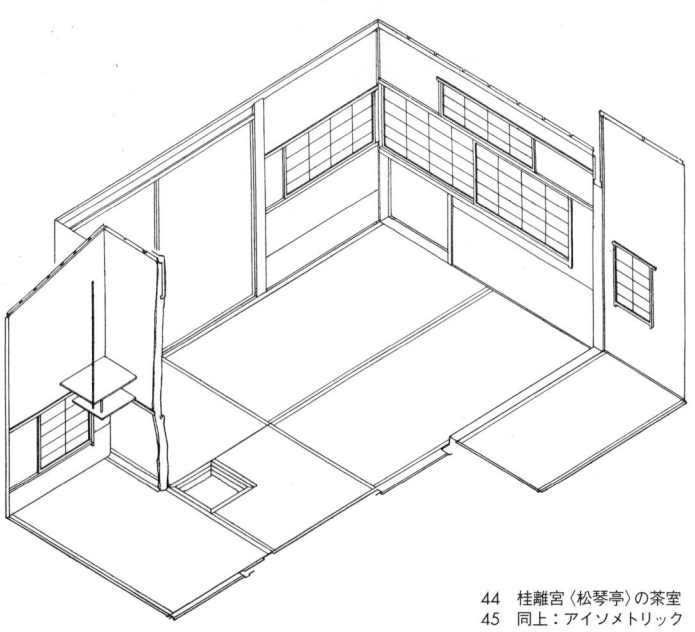

44 桂離宮〈松琴亭〉の茶室
45 同上:アイソメトリック

43

46　桂離宮〈松琴亭〉：前室（二の間）から居室（一の間）をみる（『京都御所離宮図集』より）

47 桂離宮〈松琴亭〉の前室（同左）

48 修学院離宮庭園内の〈隣雲亭〉:外観(京都、1653年)
49 同上:内観

II. 歴史的発展

50 修学院離宮庭園内の茶亭〈下御茶屋〉：外観（京都、『聚楽』より）

51　修学院離宮〈下御茶屋〉：外観（部分、『京都御所離宮図集』より）

III. 平面、間取り、室内意匠

概要

日本では今日でも戸建住宅が主流で、ヨーロッパでみられるようなテラスハウスや中層の集合住宅はわずかである。

住宅の規模は居住者の社会的地位を反映している。中流層の場合、延床面積がおよそ100㎡、敷地面積は建築面積の約3倍である。4～5の部屋と、食堂、浴室、便所、廊下などの設備を備える。一般的には平屋か2階建てで、2階建ての場合は上層が小さく、1階はすべて日常生活の空間、2階は座敷となる【図109、113の平面例を参照】。最近ではヨーロッパのように、2階に寝室を置くことも行われるようになった。

平面

小規模の住宅では長方形の平面が多く、敷地の東西軸方向に建物の長手方向をあわせて配置する。また、L字形の平面とすることもある【第Ⅳ章を参照】。規模が比較的大きな場合は庭を設け、庭側の居室を雁行させる。奥まった場所に静穏な部屋をつくることができるため、雁行形*14の平面はよく用いられてきた。このかたちは、部屋ごとに庭と接する面を広くとれるという利点もある。

庭の大部分は敷地の南側に配置される。そのため、道路の南側に位置する敷地では、家は道路に接し、庭はその奥に配される。逆に、道路の北側の敷地では家の前面に大きな庭が設けられることになる。

また、冬にできるだけ陽射しが室内に入り込むように、逆に夏には陽射しをできるだけ遮るように工夫がなされる。夏は湿度が高く、十分な換気が必要になるため、南側と北側の部屋を背中合わせにして引戸で仕切るのである。こうすると、冬には縁側のある南の部屋で、夏には北側の部屋で過ごすという生活ができるようになる。この意味でも縁側は、夏の陽射しが室内にまで入らないよ

---

*14. 雁行形＝ im Grundris stufenformig ＝階段状の平面

52 襖で仕切られるつづき間

うにするためにも必要不可欠であり、小住宅であっても南側の部屋には必ず設けられるのである。

すでに述べたように、固定壁は必要最小限に限られる。部屋を実際に仕切るのは、取り外しができる可動の壁、襖（ふすま）である。襖によって部屋の大きさを簡単に変え、襖を開け放したり取り外すことで、室内を庭と一体化した大空間に変えることもできる。

さらに、それぞれの部屋は定まった機能をとくにもたない。いつでも、きわめて容易に、別の機能に変えることができる。ベッドを用いずにふとんを敷けばどの部屋でも寝室となり、食事の際にはユカザ（床坐）に対応した折りたたみ式の卓袱台（ちゃぶだい）*15 が用いられる。また、昼間はどの部屋でも客間として使用できる。部屋をこのように効率的に用いることは、とくに小住宅ではきわめて有効である。さらに各部屋には押入や引出し、棚が造り付けられ、押入には日用品が収納される。

日本の住宅においては古くから標準化が進められてきた。現在普及している寸法の単位はメートルだが、尺（しゃく）も依然として用いられている。これは、尺にもとづいてさまざまな建築材料が規格化され、大工職人も尺の単位に慣れ親しんでいるためである。1mは3.3尺、1尺は30.3cmだが、尺からメートルへの転換は多くの困難をともなっている。

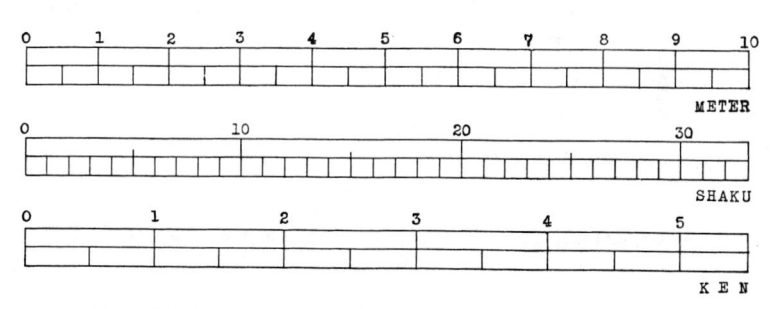

53　3つの尺度の比較（上からメートル、尺、間）

---

*15. 卓袱台：niedriger zusammenklappbarer Tisch ＝折りたたむことのできる低い机

もうひとつの単位は柱間を示す間である。間は地方によって微妙に値が異なる。東京では1間は6尺、京都では6.5尺であり、東京の1間を田舎間、京都の1間を京間と呼んでいる。1間は、田舎間で1.82m、京間では1.97mとなるから、15cmほどの違いがある。今日では田舎間が一般的で、細部の寸法を決める際の基本単位になっている。

　平面計画の際は、この1間(6尺)が基準となる。各部屋の大きさは、半間(3尺)、1間(6尺)、1間半(9尺)、2間(12尺)、2間半(15尺)というように、1間の倍数や、間の0.5倍の半間をもとに決められる。例外的に、押入の奥行きを1.5尺、縁側や便所の幅を3.5尺、4尺、4.5尺とすることがある。

　畳は板張りの床の上に敷かれ、その大きさは柱間寸法の間と対応していて、1枚が長さ1間、幅半間である。また、地方によってその寸法も異なり、田舎間か京間かによって使い分けられる。板張の床の部屋でも畳の枚数を基準に面積が表現されるため、建築の専門家でなくても部屋の大きさを感覚的に把握できるのである。幅2間(3.64m)、奥行き2間(3.64m)の部屋は8畳(13㎡)である。幅2間(3.64m)、奥行き1間半(2.73m)の部屋は6畳(9.70㎡)となり、幅1間半(2.73m)、奥行き1間半(2.73m)の部屋は4畳半(7.45㎡)となる。また、一般的な部屋の大きさは、8畳、6畳、4畳半だが、10畳、12畳、15畳などもある。図54は、畳の敷き方を示したものである。

　また、押入や床の間、棚の扱いにも気をつけなければならない。これらには畳と同じ面積を割り当てるからである。たとえば、8畳の部屋には床の間と棚を設けるのが一般的だが、この場合はあらかじめ10畳の部屋として設計しておく。押入も同様に、相当する畳の枚数を考慮しておかなければならない。

　天井の高さは部屋の広さに対応しているが、その算出方法については事例をあげて第Ⅵ章でくわしく述べる。

　各部屋は機能に応じて、居室、ユーティリティ、付属室、通路空間に分類できる。

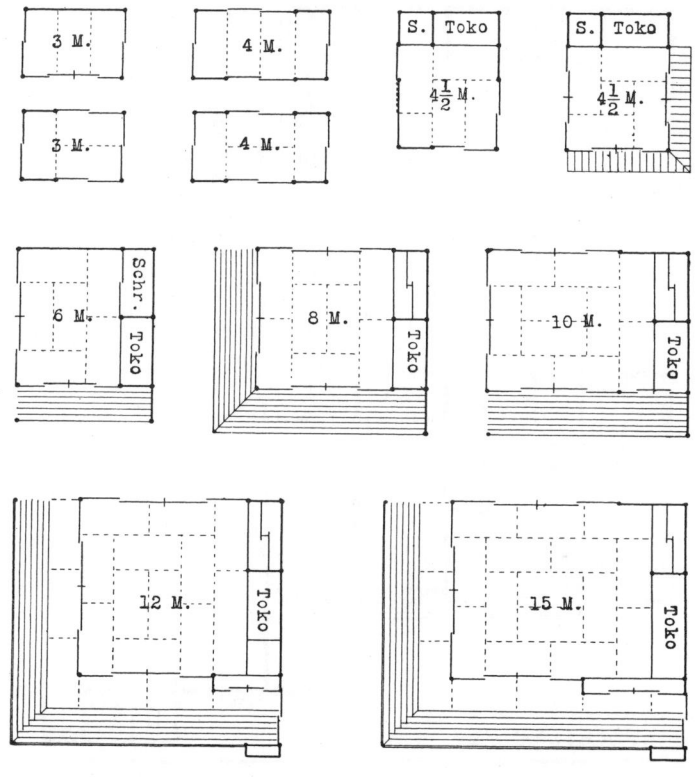

54　畳の一般的な敷き方（M：畳の数、Schrank：押入）

居室

　すでに述べたように、日本の住宅では、それぞれの部屋に固定した特定の機能が割り当てられることはない。居間、客間などの区別は日常の使用形態で決められ、同じ部屋が寝室、食堂、書斎としても使われる。隣接する部屋は襖で仕切られているだけで、襖を開け放てば一体化して使用できる。居間と客間、あるいは居間と食堂という組み合わせで、より大きな一室の空間として使えるのである。この点については、第Ⅵ章であらためて説明したい。

図 55、56の図面中の室名
（M＝Matten：畳の数を示す）

Abort：便所
Arbeitszimmer：書斎
Bad：浴室
Empfangszimmer：座敷（客間）
Esszimmer：食堂（茶の間）
Flur：玄関
Glastüren：ガラス戸
Korridor：廊下
Küche：台所
Mädchenzimmer：女中室
Schrank：押入
Veranda：縁側
Vorzimmer：前室
Wohnzimmer：居間

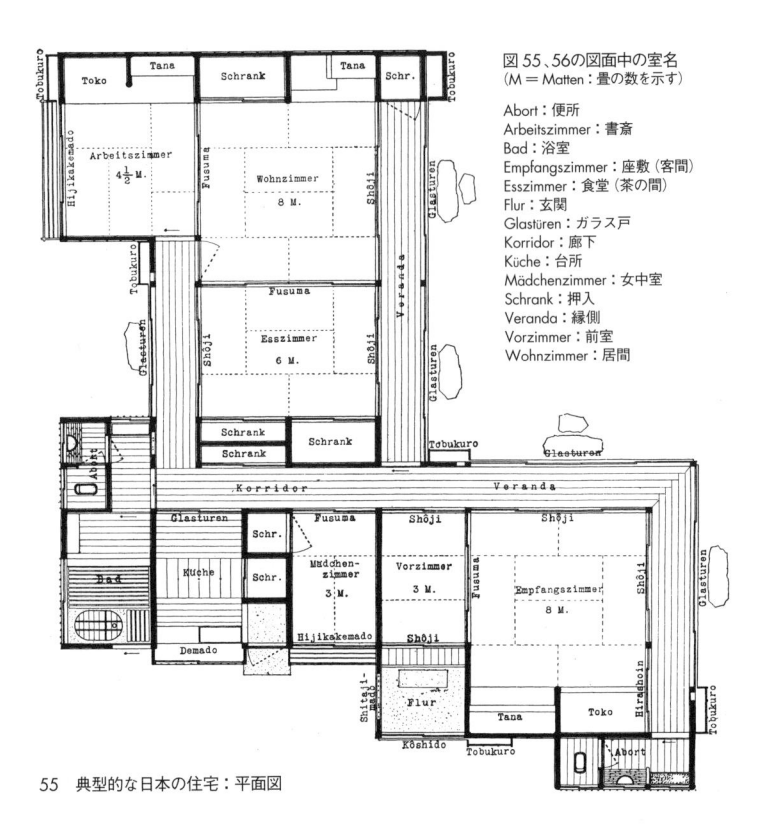

55　典型的な日本の住宅：平面図

座敷（客間）

　座敷と呼ばれる客間は、部屋の1～2面が必ず庭に面していて、縁側が設けられ、8畳～10畳の大きさが一般的である。床の間や、精巧に組み合わされた戸棚や造付け棚が壁の凹部に組み込まれ、書院は一種の張り出し窓として扱われる。これらの形態は美的に洗練され、格式を示し、その部屋の性格をもっとも際立たせる。それぞれの形態の意味についてはのちほど言及したい。

居間

　居間は必ず南側に配置し、やはり縁側を設ける。寝室としても使われる居間

56 同左：アイソメトリック

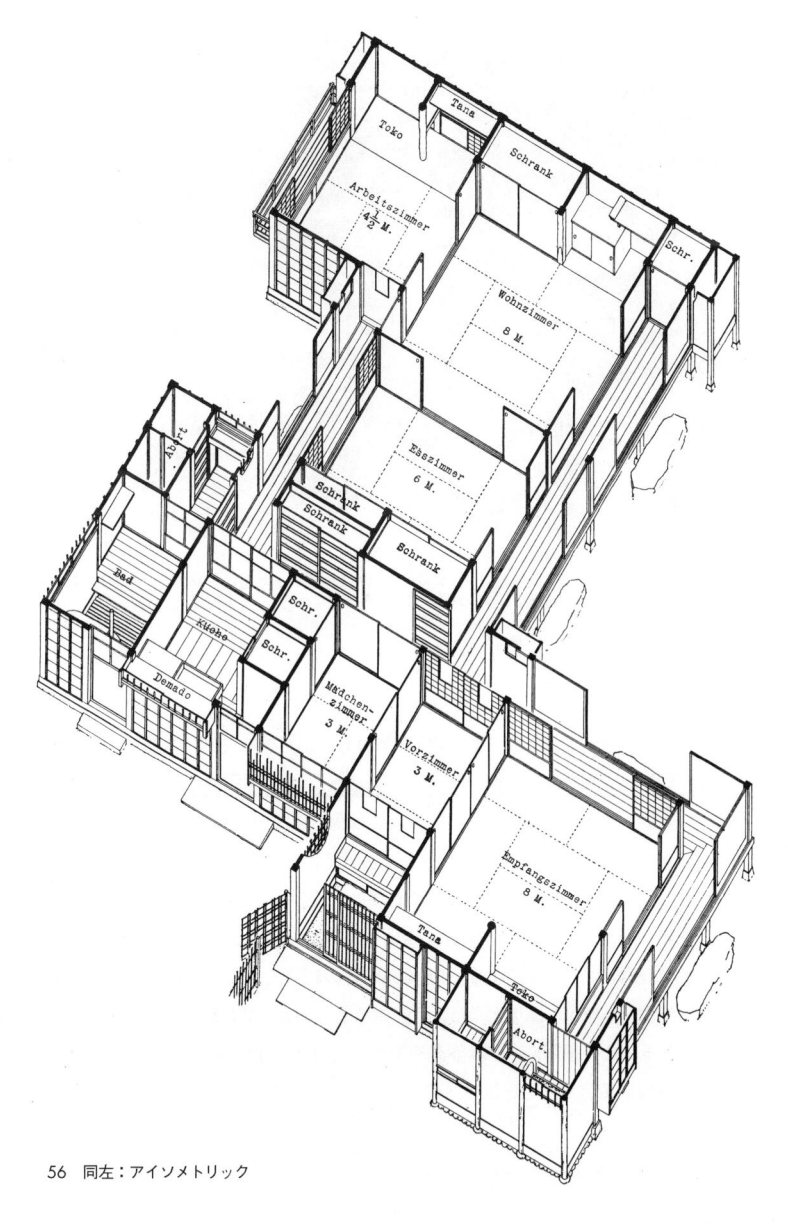

57 座敷：床の間、棚、書院をしつらえた10畳間。おもに檜材で構成されるが、天井板に杉を、床柱には木目の美しい桐を用いている。壁は黄土色の土壁である。右側の障子の奥は縁側、左側の襖には壁紙のような厚紙が貼られており、背後は廊下となる

は、小規模の住宅では食堂（茶の間）を兼ねることもあり、6畳か8畳が一般的である。居間には押入が設けられるが、そのほかに造付け戸棚などがない場合には、箪笥を床に置いて収納とする。床の間は小住宅では省略されることもある。

茶の間は居間に接し、この二部屋をあわせてより大きな居間として使用することもあり、大家族の場合には寝室にもなる。茶の間は一般的に4畳半、6畳、8畳である。そして日本では、子供は結婚したあとも両親と同居することが多く、両親用の部屋[*16]が必要になる。4畳半〜8畳の部屋を庭に突き出るように独立させて配置し、静かな環境となるよう配慮する。また、濡れ縁を周囲に巡らせることもある。この場所に、子供部屋や書斎を設けてもよい。

簡素を徹底させることは日本の住宅の大きな特徴である。詳細はのちに説

---

*16. 両親用の部屋：Altenteil ＝隠居部屋

III. 平面、間取り、室内意匠

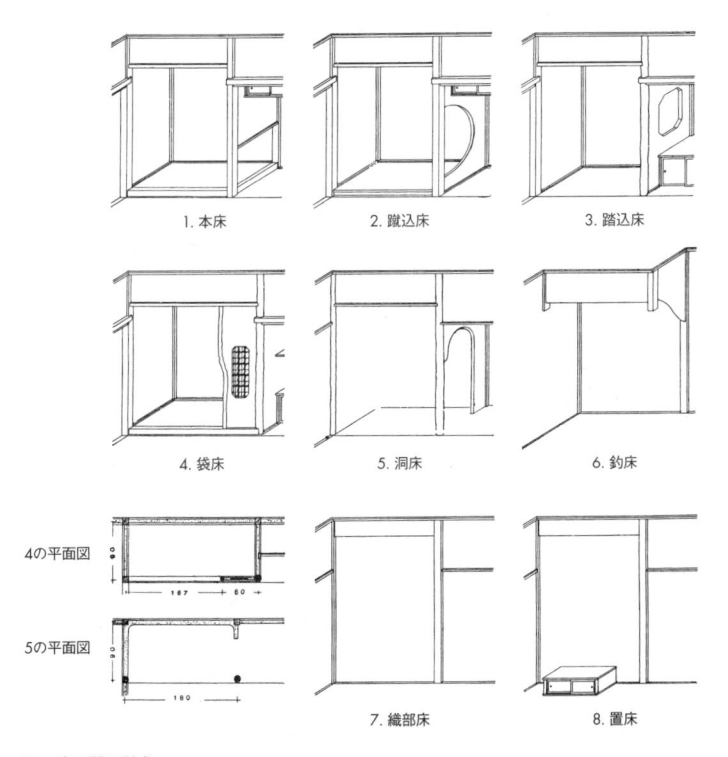

1. 本床　　2. 蹴込床　　3. 踏込床

4. 袋床　　5. 洞床　　6. 釣床

4の平面図

5の平面図

7. 織部床　　8. 置床

58　床の間の形式

明するが、造付けの戸棚や引出し、押入があるため、あとから棚や簞笥を持ち込む必要があまりない。家具は卓袱台だけで、ヨーロッパのように椅子を用いることはなく、椅子の代わりに座ぶとんを床に敷いてその上に座り、必要がなくなれば押入に片づける。このため、室内は開放的で見通しがきき、各部屋はゆったりとして、明るく透明な雰囲気が生まれる。雑多なものを室内に置かないので心理的にも余裕が感じられる。このような性質は、装飾を多用しないことに加えて、日本の建築を理解するうえで重要なポイントとなる。壁面の繊細な肌理や、障子をとおして射し込む淡い光により、芸術的な効果が生じるのである。

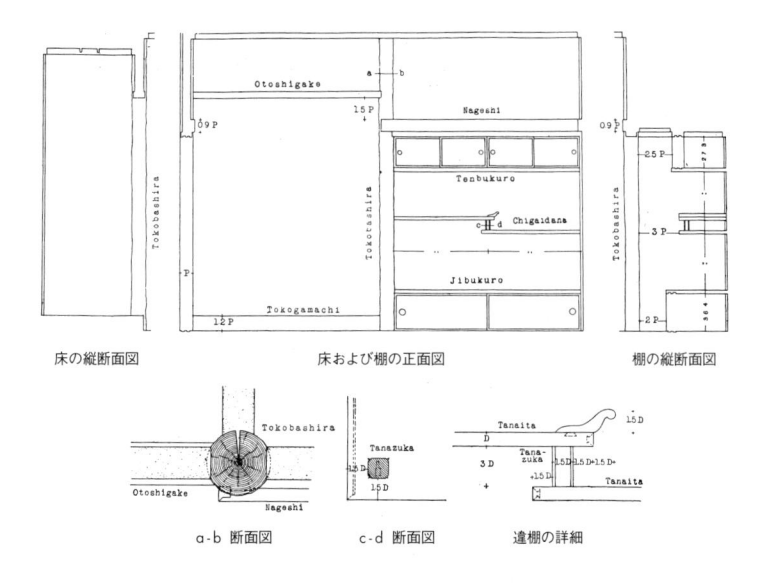

59 床の間と棚（床脇）の典型的なディテール（図中の「天袋」は「袋棚」ともいう）

　また、もっとも象徴的で表現に富む部分は、すでに述べたように、床の間、棚、そして書院である。この3つの要素は空間に多様な変化をもたらし、独特の表情をつくり出す。かつては床の間、棚、書院がセットになっていたが、現在では書院が省略されることもあり、棚は造付け戸棚に姿を変えている。しかし、少なくとも床の間に関しては、それほど裕福な家でなくても通常は設けられるのである。

床の間【図58～65】[17]
　床の間の起源は仏教の礼拝に求めることができる。僧侶の住まいにおける礼拝の場として、床の一部を一段高くして香炉を置き、その背後の壁に宗教的な

---

[17]. 床の間：Tokonoma oder Toko, Bildnische ＝床の間あるいは床、絵を掛ける凹部

図像を描いたのがはじまりとされる。やがて床の間は一般の住宅にも取り入れられていったが、時代とともにその意味合いは変容し、道具類も変化していった。香炉のほかに花を生けた器、青銅製や木製の装飾具などが置かれ、宗教画は一般的な絵画や書*18 に変わっていった。

掛物(かけもの)と呼ばれる掛軸は、花瓶やそのほかの装飾具のように頻繁に掛けかえられ、絵のモチーフは季節にあわせて選ばれる。そして、使用しない場合には巻かれて箱のなかに保存される。

生け花は、花を独特の感覚で器に飾りつける芸術で、茶の湯と同様、優れた日本の文化のひとつである。

床の間は部屋の中心であり、その手前の座が、高位の人がすわる上座(かみざ)となる。縁側か外壁と接する部屋に設けられ、縁側や外壁に対して直交するかたちに置かれる。あるいは反対側の離れた位置に置かれることもある。さまざまな型があるが、ここでは基本的なことだけを記したい【図58】。

1. 本床(ほんどこ)は床の間の基本形である。壁に接して、ちょうど畳1枚分の床が一段高くつくられる。床柱と壁の柱にはさまれ、床框(とこがまち)*19 で区切られる。板張りか畳敷きで、床の上面が床框の上端と面一(つらいち)*20 になるように納める。
2. 蹴込床(けこみどこ)は、床框の代わりに蹴込板*21 を用いた床で、必ず板張りにする。
3. 踏込床(ふみこみどこ)は、部屋の畳の上面と面一に納められている床である。板張りになっているだけで、畳面との段差はない。
4. 袋床(ふくろどこ)は本床が変形したもので、前面側の一部に薄い壁が挿入され、床の間を囲っている。この壁の端部には、竹や白木を用いた細身の柱が取りつけられ、また下地窓(したじまど)といわれる開口部がうがたれる【第Ⅵ章を参照】。
5. 洞床(ほらどこ)は洞穴のような構えをもつ床の間である。柱もふくめて壁や天井のすべての要素が、漆喰で塗り込められる。
6. 釣床(つりどこ)では、通常の床の間のような凹部は設けられず、部屋の隅の天井に、天蓋状の四辺形の垂れ壁が下げられるだけである。

---

*18. 書：kunstlerish ausgefuhrte Schriftzeichen ＝芸術的に描かれた文字
*19. 床框：quadratische Holzschwelle ＝(断面が)正方形の木製のまくら木
*20. 隣接する部材の表面を同一面上にそろえること。
*21. 蹴込板：eine Art Setzstufe ＝段に(板を)はめる(つまり、床板と畳寄せのあいだにはめ込んだ厚板のことを示している)

60 醍醐寺三宝院：床の間と棚（京都）

7. 織部床も釣床と同様に凹部はない。見付幅が約20cmの板を、天井回り縁の下端に取りつける。この板から掛物が吊るされるのである。

 織部床と釣床はともに、茶匠・古田織部の創案による。
8. 置床は、持ち運びできる小さな床台を、壁に接して畳の上に設置したものである。しかし、この形式の床の間は今日ではあまり用いられない。

床柱は床の間と棚のあいだにある柱で、特別の木材が使用される。たとえば、白檀、コーキ（赤びゃくだん）、黒檀、桑、桐、桜、楓、赤松、杉などであり【第V章の図130を参照】、樹皮がついたままの幹や竹が使われることもある。床柱やそのほかの木部、柱、床框、落し掛け——床柱と壁の柱のあいだに掛け渡された、長押よりも少し高い位置にある横架材——などに同じ種類の木を用いれば、室内に統一感が生まれる。また、床框は黒か暗赤色の漆塗りで仕上げられることが多い。

Ⅲ. 平面、間取り、室内意匠

61　桂離宮：床の間と棚

棚（床脇）【図66〜69】

　棚は、従来の可動の戸棚が発展したもので、壁の凹部に棚板と戸棚が造り付けられている。装飾具の収納と保管がおもな機能だが、巻かれた掛軸や本、器類などが、装飾的な効果も意図されてここに置かれる。床の間のとなりに配置されるため、床脇（とこわき）とも呼ばれ、さまざまな形式がある。

　基本となるのは、棚板の上下に小さな戸棚をもつ形式であり、上の戸棚を袋棚（ふくろだな）（あるいは天袋（てんぶくろ））、下の戸棚を地袋（じぶくろ）という。いくつかの棚板が横にずらされて配置されるため、違棚（ちがいだな）とも呼ばれる。床の間と棚を仕切る壁には、狆潜（ちんくぐり）といわれるさまざまな形態の開口が設けられ、横から棚に光が落ちることで独特の効果を生んでいる。

　図66および図67は、多様な棚の形式とその形態を示したものである。

61

62 大徳寺〈孤篷庵〉:床の間(京都、1612年、『聚楽』より)

III. 平面、間取り、室内意匠

63 ある住宅の床の間（京都府内、14世紀、『聚楽』より）

64　慶栄寺の茶室〈太子堂〉：床の間（名古屋、19世紀初頭、『聚楽』より）

III. 平面、間取り、室内意匠

65 南禅寺〈金地院〉：床の間と棚（京都、17世紀初頭、『京都美術大観』より）

書院【図72〜75】

　書院の成立については、住宅建築の発展について記した際に述べた。書院はもともと書斎としての役割を担っていた。陽射しを導き入れるための障子窓が張り出し、窓台の下に戸棚を設けて、窓台を読書用の机として使用したのである。しかし今日では、書斎としての機能は失われ、形式的で、格式を示す役割だ

65

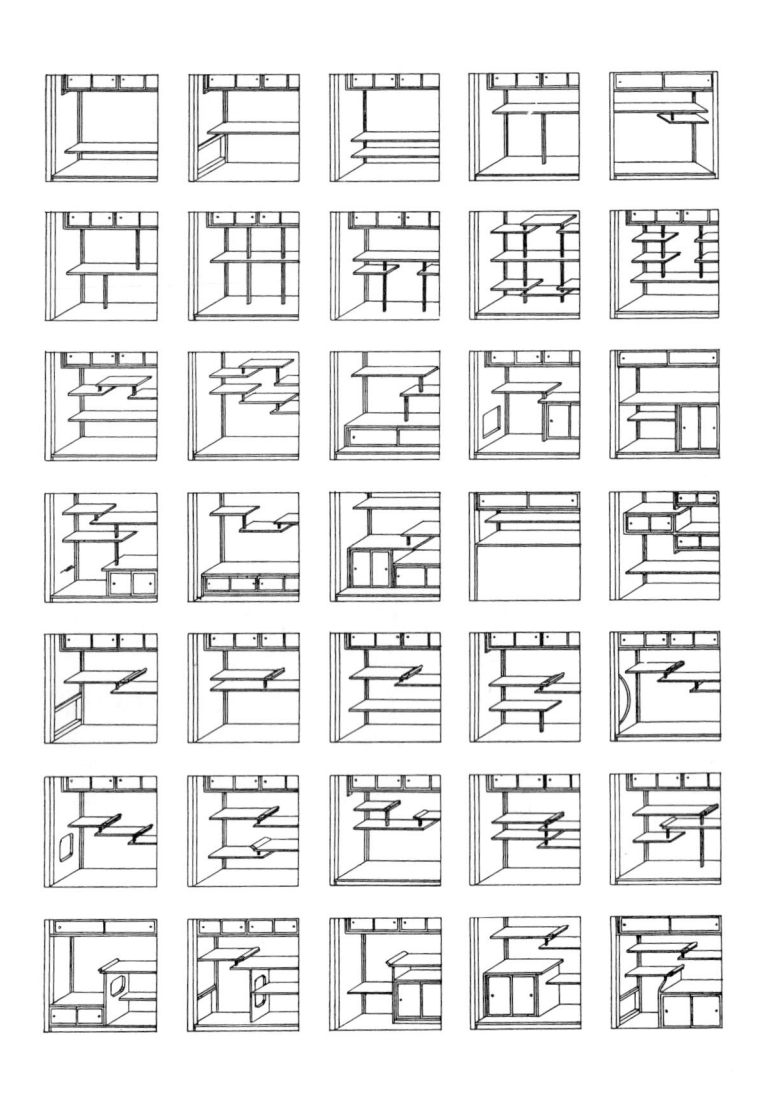

66 棚(床脇)の多様な例[1]

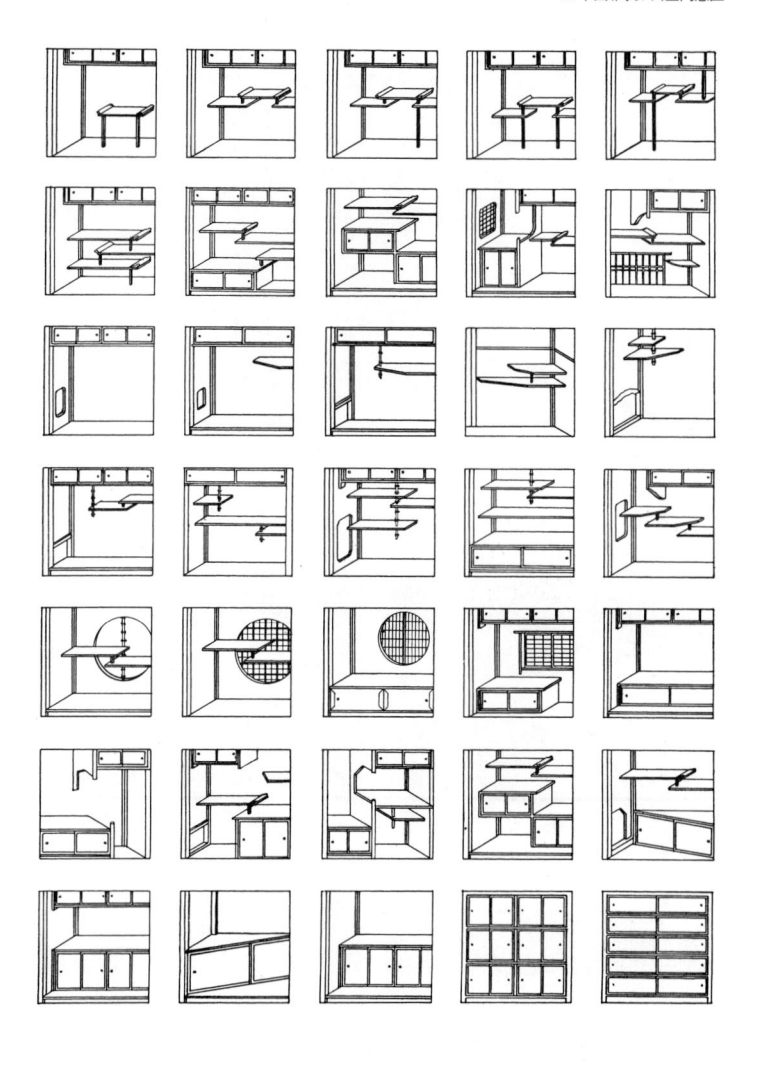

III. 平面、間取り、室内意匠

67 棚（床脇）の多様な例 [II]

68　茶室〈養浩館〉の棚（福井、1700年ごろ）
69　桂離宮の棚

70 茶室の釣棚   71 水屋の棚

けが残された。窓台も付加的な機能に限られ、書籍や硯箱が置かれるだけになった。

　書院は必ず床の間に隣接させ、かつ床の間に対して直角に配される。そのため、書院と棚のあいだに床の間が挟まれるかたちになるが、より簡略化した形式が現れた。読書用の机だった窓台は必要なくなり、張り出しも省略される。つまり、書院は付書院に姿を変え、平書院の初期の形式が生まれたのである。

押入と箪笥【図76〜80】

　押入は部屋のなかだけでなく、付属室や廊下にも設置され、日用品や、季節ごとに取り替えられる装飾具の保管に使われる。奥行きは半間か1間、また幅は半間、1間、1間半である。通常は畳にあわせて1間の幅となる。

　内部は、中間に中棚を設け、上下ふたつに分割して使用するのが基本である。内部をさらに細分したり、奥行きの相違によりふたつの押入として使い分ける

付書院の正面図　　　　平書院の断面図

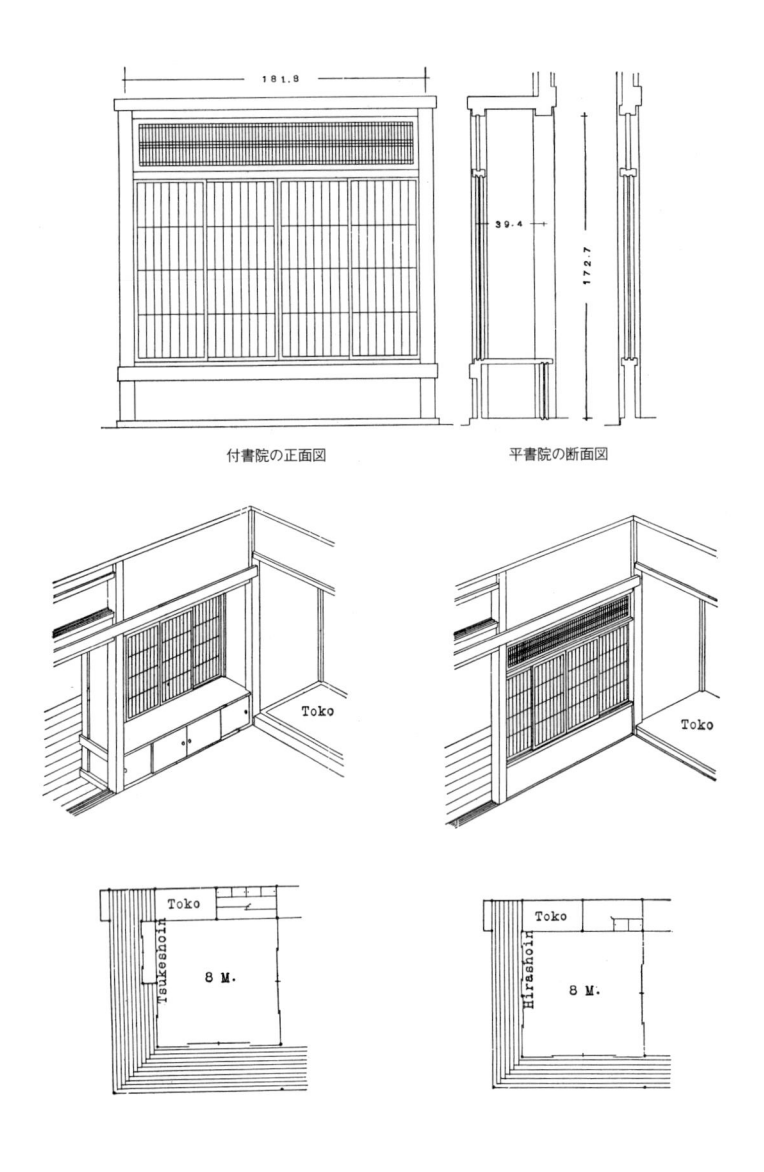

72　書院の例（左が付書院、右が平書院、M：畳の数）

III. 平面、間取り、室内意匠

73 付書院

74 付書院（1300年ごろ、「法然上人絵伝」より）

71

75　平書院（張り出しのない書院）をもつ座敷

こともある。この場合、隣りあった部屋の双方から出し入れできるようにすることもある。

　押入は床面と接しているのが一般的だが、天井の近くに戸棚（天袋）を加えることもある【第Ⅵ章を参照】。引戸が大半だが、幅が半間のときには開き戸も用いられる。

　造付けの箪笥（たんす）は、押入のなかで半分の奥行きを占めており、おもに衣服の収納用となる。残り半分の奥行きは、隣室の収納として使用される。

縁側【図81～85】

　縁側は日本の住宅にとって非常に重要な空間であり、必ず設けられる。

　縁側の前には段石が置かれ、ここから庭へ出入りすることができる。夏には

III. 平面、間取り、室内意匠

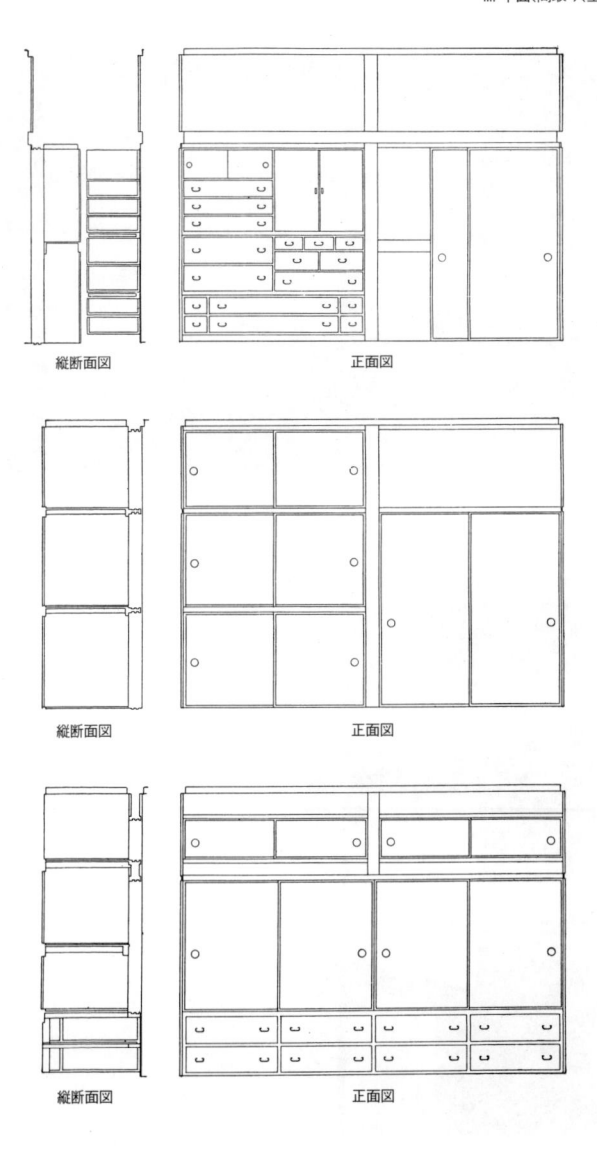

縦断面図　　　　　　　　　　正面図

縦断面図　　　　　　　　　　正面図

縦断面図　　　　　　　　　　正面図

76　押入と造付けの引出し

77 桂離宮の造付け戸棚

78 同上

III. 平面、間取り、室内意匠

79 座敷の造付け戸棚と引出し【図76を参照】：引出しは桐製で、上部の戸棚は、日常的に使わない物を保管する。右側の襖を開けると食堂に、左側の障子の奥には縁側がつづく

80 納戸の造付け戸棚と引出し：引出しは桐製、戸棚の引戸は布張り

81 1間幅の広縁（畳敷き）

III. 平面、間取り、室内意匠

82　2階の部屋からみた庭の風景
83　2階の縁側

84 ある別荘の濡れ縁（1927年）
85 ある隠居用の別邸の濡れ縁

陽射しを遮る前室の役割を果たし、庇によって室内に日陰がつくられる。冬には逆に、降り注ぐ陽射しを楽しむ空間となる。角の部屋の周囲に設けるのが、縁側の配置としては理想的である。

　一般的な縁側の幅は半間から1間で、床は板張りである。広縁の場合は畳敷きにすることもあるが、畳が雨や庭の泥で汚れないように、庭側は板張りとする。この場合、床板と畳は面一に納めなければならない。

ユーティリティ

台所【図86】

　日本では、日用品や食材は、必要なときに必要な量だけが商店から各家庭へ配達される。台所の位置は、この習慣に大きく条件づけられている。かつては御用聞きに応対する部屋を独立させていたが、台所に勝手口がつくられてからは不要になった。

　台所は3畳、4畳、4畳半、あるいは6畳ほどの大きさである。1階の諸室の床と同じ高さに設け、床は板張りとなる。勝手口は家族用の出入口を兼ね、半間四方か、奥行き半間、幅1間ほどの広さをもっている。セメントを打った土間で、台所の床とは段差があり、御用聞きはここまでしか入ることができない。これは、道路の泥などが台所に入るのを防ぐための工夫でもある。

　勝手口の土間には台所へ上がるための踏み段があり、洗濯室を兼ねた隣の浴室への入口がここに設けられることが多い。

　台所の床下にはスペースがあって、酒や果物などの貯蔵庫となる。80cmほどの深さに掘り込み、1枚ずつ取り外すことのできる木板を並べて蓋をするのである。

　台所の設備には共通した形式がある。箱型の木製流し台が窓に面して設置され、これに銅板あるいは亜鉛板を貼って仕上げる。窓は出窓となっていて、窓台か物置台となる。さらに、造付けの棚や戸棚、引出しが設けられ、戸棚の戸は、用途に応じてガラス、木、金網などでつくられる。燃料は田舎では薪、都市部では木炭かガスを用いている。

付属室

浴室【図87〜89】

　夏は毎日入浴しなければならない日本人にとって、入浴はヨーロッパの人々よりも重要な習慣である。公共の入浴施設を利用する庶民層の人であっても、規則正しい入浴習慣を身につけている。疲労回復にも役立ち、仕事を終えたあとに入浴することが多い。

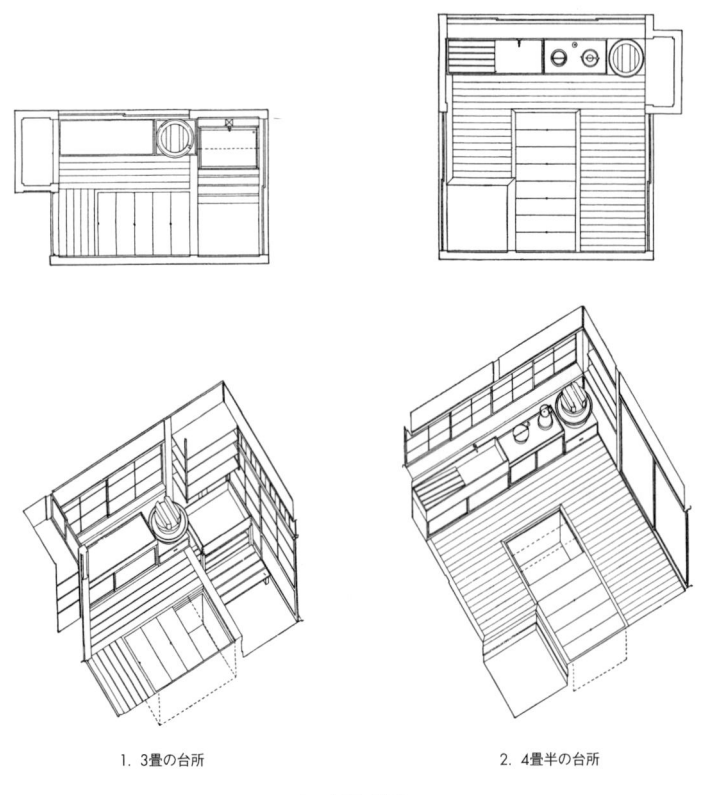

1. 3畳の台所　　　2. 4畳半の台所

86　台所の設備

先にも述べたが、浴室は便所と必ず分離され、給水や給湯の配慮から台所と隣接している。洗濯室としての利便性を考えて、台所や庭から直接出入りできる戸口を設ける。洗濯物は庭に持ち出して、竹棹に吊るして乾燥させるのである。

浴室の大きさは2畳、3畳、あるいは4畳半で、セメント製の床に、スノコを全面か一部に敷き、湿気を乾燥させるときにはスノコを取り外す。水で壁の漆喰を傷めないように、壁には木板が張られる。また、水滴が風呂桶に上から落ちてこないように、天井には勾配がとられ、壁づたいに水滴が流れていくように工夫されている。壁の天井近くには引違いの換気窓をとったり、天窓を取りつけることもある。

浴槽は、移動可能な木製と、固定された金属製に分けられる。

木製の浴槽は楕円形か長方形で、もっとも普及している長方形の浴槽は、奥行き95cm、幅60cm、深さは70cmほどである。日本人は浴槽のなかでしゃがみ込むかたちをとり、これが寸法を決めている。横たわって入浴するヨーロッパ式の浴槽とは異なり、幅は狭いが深さがある。入浴しないときには、浴槽の上に蓋が置かれる。

木製の浴槽には、金属窯が脇にあり、冷水を適温まで加熱する。窯は浴槽の上に突き出ていて、煙突をつなぐようになっている。下部には熱の供給口となる格子窓があり、入浴中に高熱の窯に触れて火傷しないように、取り外しのできる木の蓋でおおわれる。木は熱伝導率が低いので、湯が冷めにくく、一般的には金属製の浴槽よりも心地よい。

金属製の浴槽は鋳鉄製で、円形になっており、周りを熱管が螺旋状に囲み、レンガで覆われる。加熱装置は浴槽の下にあり、台所や庭から燃料が供給され、煙突をとおして排煙される。金属製浴槽の長所は燃料の消費量が少ないことと、加熱時間が短い点にある。

脱衣室【図90〜91】

浴室に隣接して脱衣室がつくこともある。窓に面して洗面台が置かれ、洗面室としての機能も併せもつ。広さは浴室の大きさによるが、2畳か3畳が一般的で、床は板張りとする。

87 浴室：壁と天井は檜の板張りで、壁にはガラス窓が、天井の中央には換気口がとられる。床のスノコ板は取り外しでき、浴槽も檜材でできている

便所【図92】

　日本では排水設備が完備されていないため、水洗便所はまだ普及していない。残念ながら便所は非常に原始的で、非衛生的である。屎尿は地中に埋め込まれた陶器製かコンクリート製の甕(かめ)にいったん集められ、定期的に汲み出される。

　汲み取りが滞ると汚臭が発生するため、とくに居室とは接しないように、各部屋からできるだけ離れた場所に便所は配置される。そのため、家の角に置かれることが多く、縁側や廊下に一度出てから便所へ入るようになっている。庭から汲み取りをすることも考慮しておかなければならない。

III. 平面、間取り、室内意匠

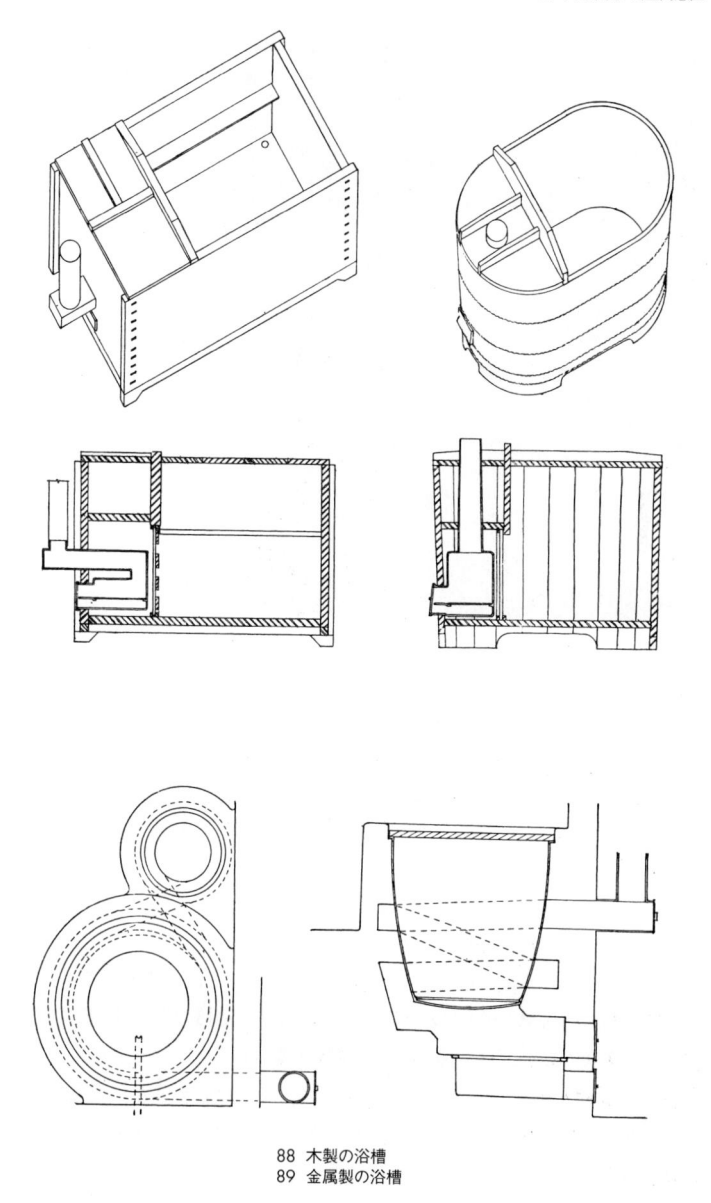

88 木製の浴槽
89 金属製の浴槽

83

90 洗面室：[左]衣服籠を置く造付け棚。[右]銅板貼りの洗面台が窓の下に設けられ、洗面台に洗面器を置いて使用し、下部は戸棚となる。右奥は浴室

　男性用の小便器と大便器のあいだは必ず壁で区切られ、便所にはふたつの個室が設けられることになる。小便器の前をとおって奥の個室へ入るタイプと、洗面台のある前室からふたつの個室に入るようになっているタイプがある。少なくとも3尺四方(半間四方)の広さが必要となり、3間半四方や4間四方の例もある。
　床は板張りとするが、白い陶器タイルを貼ってモダンな雰囲気を醸しだすこともある。そして、通常の窓【第Ⅵ章を参照】とは別に、床面に接して掃出窓(はきだしまど)を設ける。この窓は高さ15cmほどのすりガラス製の引違い窓で、清掃の際の掃出口であり、陽射しを床面にあてるという衛生上の役割もある。
　便所の面積が十分に取れない場合、引戸とするには壁の長さが不足するので、小便器のある個室への入口は開き戸となる。広さが十分な場合は、ふたつの個室は引戸で仕切られる。

III. 平面、間取り、室内意匠

91 婦人用の化粧室：柱は杉の面皮材、天井回り縁は杉の磨き丸太、天井は桐の薄板を編み込んだ網代天井となっている。壁は褐色で、棚には地袋がつき、地袋の引戸は銀と白の市松模様の紙貼りとなる。棚の中央には、花を活けた鉢が吊り下げられている。障子の前には鏡台が置かれ、使用時以外は鏡台掛けで覆われる。鏡台の右側にはタオル掛け、前には綿を詰めた座ぶとんが置かれている

床の中央に穴がうがたれ、着脱可能な磁器製の便器が取りつけられる。便器が平らなのは、そこにしゃがみ込むかたちで用を足すためである。

通路空間

玄関【図94～97】

家に入るときには靴を脱ぐのが、古来からの日本の習慣である。靴を脱ぐことにより、土やほこりが家に入るのを防ぐことができる。そしてこの習慣が、玄関の形式を決定づけている。日本の住宅を訪れると、床の張られていない土間の玄関にまず入る。そして、玄関に面した前室（玄関ホール）に上がり、ここから各

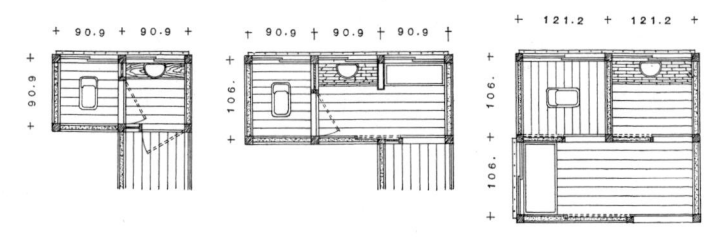

92 便所の平面例

室へ移動するのである。上流層の家では玄関が2ヵ所つくられ、来客用と家族用に使い分けられている。

　玄関は、開け放したときに外から家のなかを見通せないように、門の位置をずらして配置する。門と玄関を結ぶ露地を斜めにとったり、カーブさせたりするのである。

　玄関には2畳か3畳分を当てるのが一般的だが、大規模な住宅では4畳半〜8畳という例もある。脱いだ靴を置くために、これだけの面積が必要なのである。玄関の建具は引戸とするが、これは戸の開閉にスペースを必要としないからである。

　床は一般にセメントで仕上げられ、石のタイルが貼られることもある。踏み段は1段目が石、2段目は木板で、この段を上がって玄関ホールに入る。ホールの床が玄関よりも0.5mほど高いのは、1階の床が地面よりも高く設けられているためで、湿気への配慮である。段石は自然石か切り出し石で、この上に靴が一列に並べられる。

　玄関に掛かる庇は、できるだけ大きく張り出され、支持柱が添えられることもある。玄関の戸や、鴨居(かもい)の上の窓から陽射しが内側に入ってくる。靴や雨傘の収納用に、側壁には下駄箱が造り付けられ、また磁器製の傘立てが置かれる。

前室

　前室(玄関ホール)は接客や送迎の場所である。腰を下ろして挨拶するのが作法であるため、畳が敷かれる。面積は、2畳、3畳、もしくは4畳半である。

III. 平面、間取り、室内意匠

93 桂離宮の洗面室：手洗い用の容器を置く台。床は竹製（『京都御所離宮図集』より）

94 来客用玄関：左側の樹木の陰に内玄関（家族用）がみえる。前庭には砂利が敷きつめられている

廊下（図98、99）

　廊下の幅は半間〜1間で、板張りか畳敷きである。壁面に押入が設けられているところもある。

階段

　すでに述べたように、日本の住宅はほとんどが平屋である。2階建ての家であっても、2階には日常的にあまり使用しない部屋を置く。そのため、伝統的に、階段には必要最小限の面積しか割り当てられない。階段は幅が半間(3R)で、3.2mほどの標準的な階高(1階〜2階)の場合、長さは1.5間から2間となる。

蔵

　木造住宅は防火性能に劣るので、富裕な家では高価な家財道具を保管するた

III. 平面、間取り、室内意匠

95 玄関：段石の上で靴を脱ぐ。上の段は松材、玄関の床は石貼り、天井は檜の格天井

めの不燃倉庫、蔵を建設する。堅固な木造骨組を組み上げ、粘土を混入させた漆喰を塗り重ねて被覆し、仕上げを黒か白の漆喰塗りとする。出入口となる小さな扉は木製で、開口部には鎧戸がはめ込まれるが、耐火性能を高めるために壁面と同じ仕様の開き戸がつくられることもある。火災の危険が迫ったときには、この戸は閉められ、あらかじめ用意された粘土で壁の隙間を塗り固める。だが、こうした蔵は関東大震災（1923年）の際に多くが倒壊してしまったので、今日では鉄筋コンクリート造で建て替えられている。

96 内玄関からみた来客用玄関：材料の選択や格式という点からも、来客用玄関は厳格に、内玄関は穏やかな表情につくられる

97 内玄関：戸はすりガラスの格子戸、両脇に窓がつく

III. 平面、間取り、室内意匠

98 廊下：窓台の下に戸棚を設ける。窓の張り出し部分の天井は竹皮を編み込んだ網代天井、戸棚の戸は杉板となっている

99 1間幅の廊下(畳敷き)

IV. 平面の実例

　第III章で説明した平面の特徴について、著者が試案した小住宅を実例として、さらに解説していこう。

　平面の単位となるのは1間四方の区画で、坪（3.306㎡）と呼ばれ、2畳分に相当する。延床面積を畳の枚数で示すことも多い。

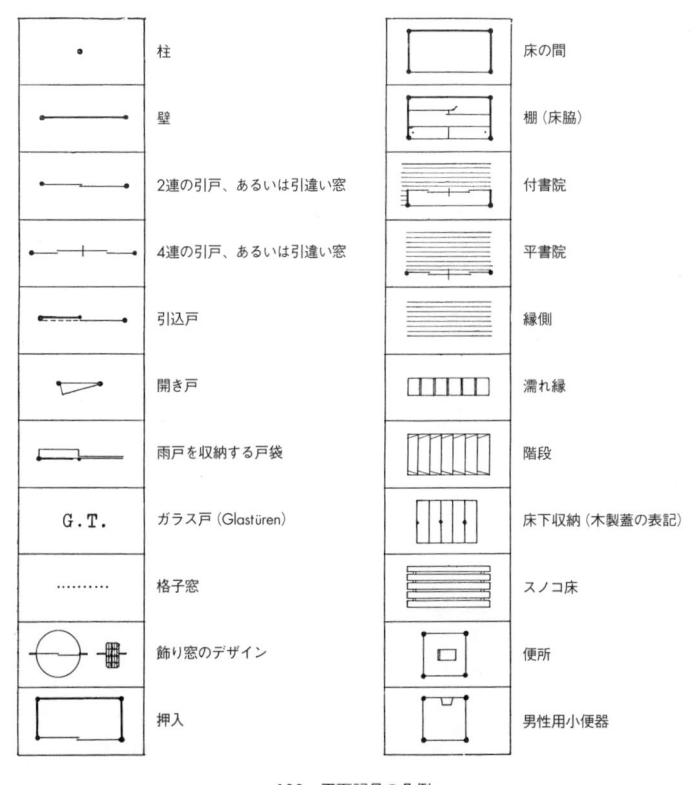

・	柱			床の間
—•—•—	壁			棚（床脇）
—•—•—	2連の引戸、あるいは引違い窓			付書院
—•—•—•—	4連の引戸、あるいは引違い窓			平書院
—•—•—	引込戸			縁側
	開き戸			濡れ縁
	雨戸を収納する戸袋			階段
G.T.	ガラス戸（Glastüren）			床下収納（木製蓋の表記）
…………	格子窓			スノコ床
	飾り窓のデザイン			便所
	押入			男性用小便器

100　平面記号の凡例

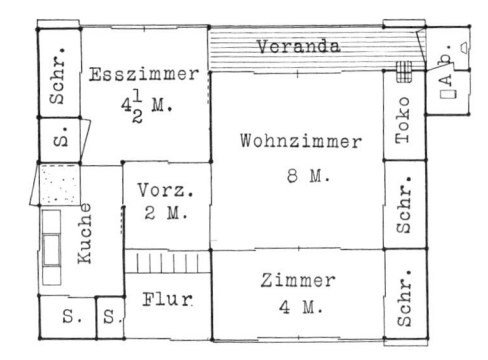

101　住宅A：床面積16.25坪（53.72㎡、18畳半）。8畳間に4畳間が隣接し、襖を外して一体化すると、南北軸を貫く広間となり、夏には心地よい風が通り抜ける。この2室と居間に接する食堂（4畳半）には押入がつき、寝室としても使用できる

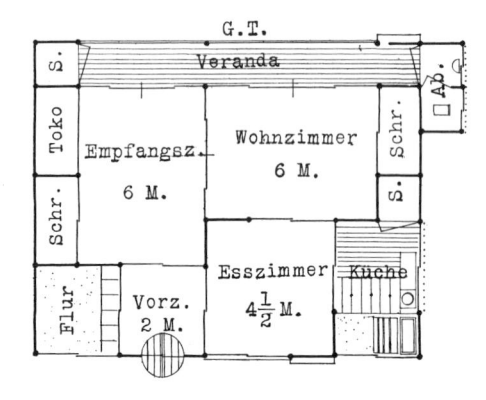

102　住宅B：床面積17.25坪（57.02㎡、18畳半）。南面する6畳間2室のあいだには壁がなく、4連の引戸で仕切られているだけである。食堂は居間の北側に隣接していて、夏の気候に配慮した平面になっている

以下、平面図に表記された室名を記す。なお、方位はすべて南が上になっている。
M ＝ Matten：畳（の数を示す）、Abort：便所、Bad：浴室、Empfangszimmer：座敷（客間）、Esszimmer：食堂（茶の間）、Flur：玄関、Küche：台所、Schrank：押入、Veranda：縁側、Vorzimmer：前室、Wohnzimmer：居間、Zimmer：部屋

103 住宅C：床面積19坪（62.71㎡、21畳半）。3室が東南に配置されている。8畳間は軒の出が深く、その下に濡れ縁を設ける。この軒は白木の柱で支えられている

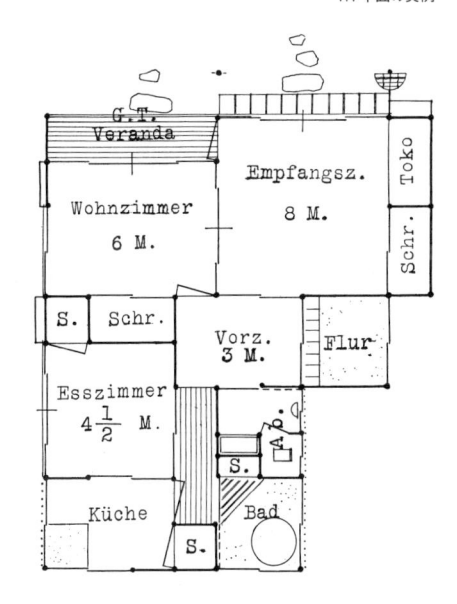

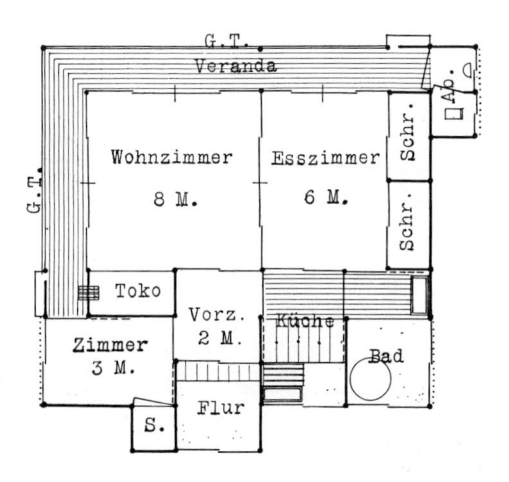

104 住宅D：床面積19.25坪（63.63㎡、19畳）。隣接する南側の2室を、L字形の縁側で囲んでいる。この平面形式は古くからよく用いられてきた

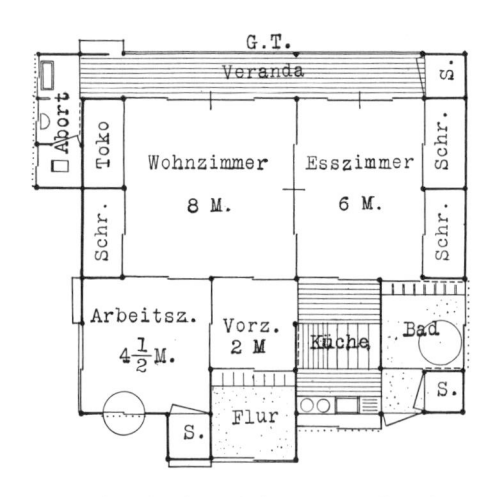

105　住宅E：床面積19.50坪（64.47㎡、20畳半）。住宅Bに浴室をつけ加えたような平面形式

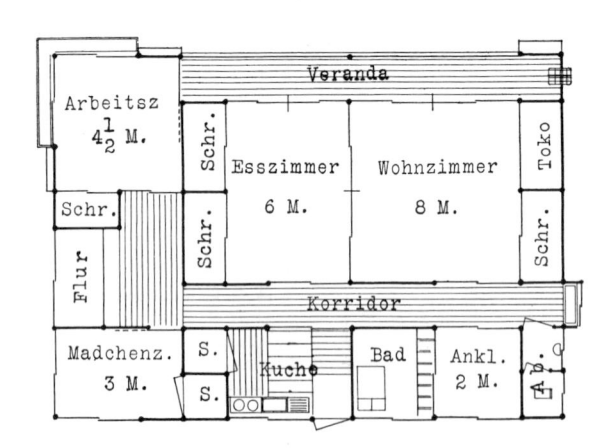

106　住宅F：床面積24坪（79.34㎡、23畳半）。ヨーロッパの影響が見受けられる平面例。玄関ホールとなる前室は畳敷きではなく板張りとなっている

Arbeitszimmer：書斎、Ankleideraum：脱衣室、Korridor：廊下、Mädchenzimmer：女中室

IV. 平面の実例

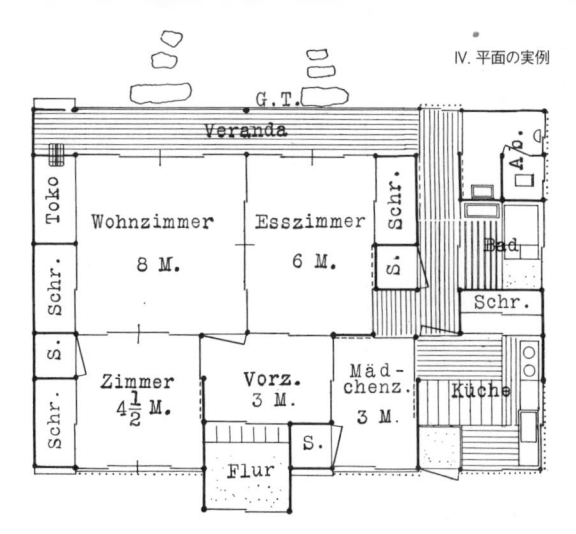

107 住宅G：床面積24.50坪（80.99㎡、24畳半）。住宅Eと似た平面形式。8畳、6畳、4畳半の3室は一体化して使用できる。女中室につながる廊下が設けられている

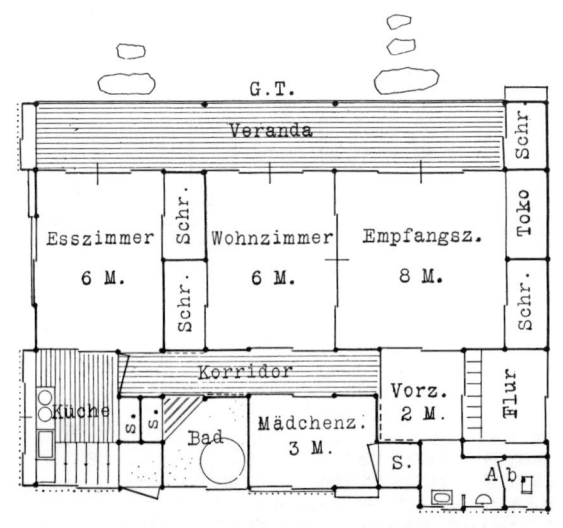

108 住宅H：床面積25.87坪（85.52㎡、25畳）。住宅Fと類似する平面形式。南面する3室に幅4.5尺の縁側がつく。居間と北側の付属室のあいだに中廊下をもつ。この形式の部屋の配置は、夏季の快適性は住宅B、E、Gより劣る

Obergeschoß

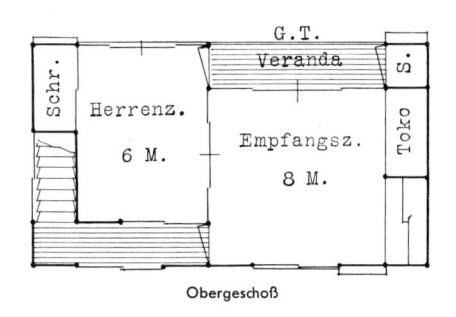

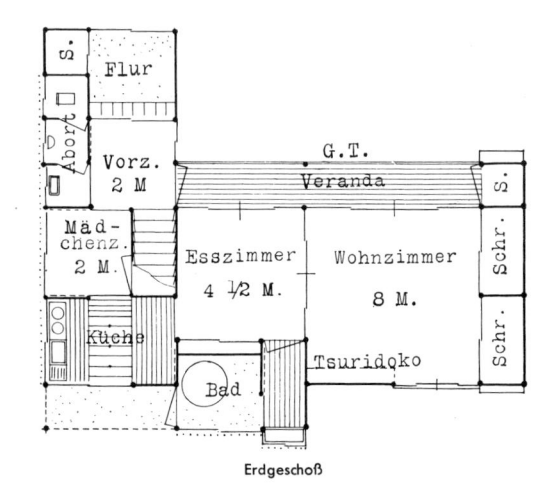

Erdgeschoß

109 住宅I：
1階床面積……16.75坪（55.37㎡）
2階床面積……11.25坪（37.19㎡）
延床面積 ……28.00坪（92.56㎡、30畳半）
玄関は南入りで、階段を上がって2階が書斎と座敷、1階の2室はおもに寝室となる

Erdgeschoß：1階、Herrenzimmer：主人室、Obergeschoß：2階

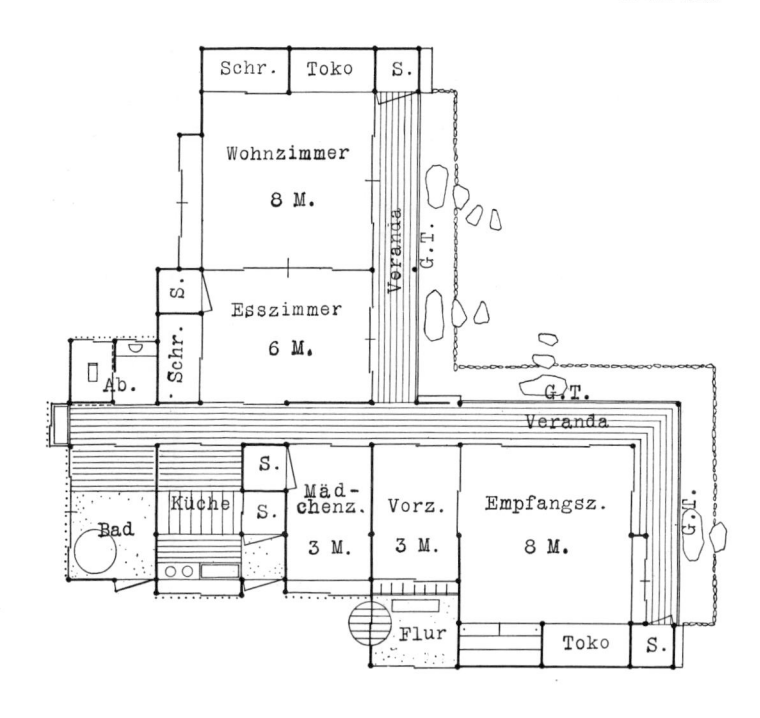

110 住宅J：床面積 28.92坪（95.60㎡、28畳）。家族用の諸室と座敷（客間）は分離されている。座敷には床、棚、書院が設けられ、2面を縁側が囲んでいる。居間と食堂は南面し、夏の通風が確保されている

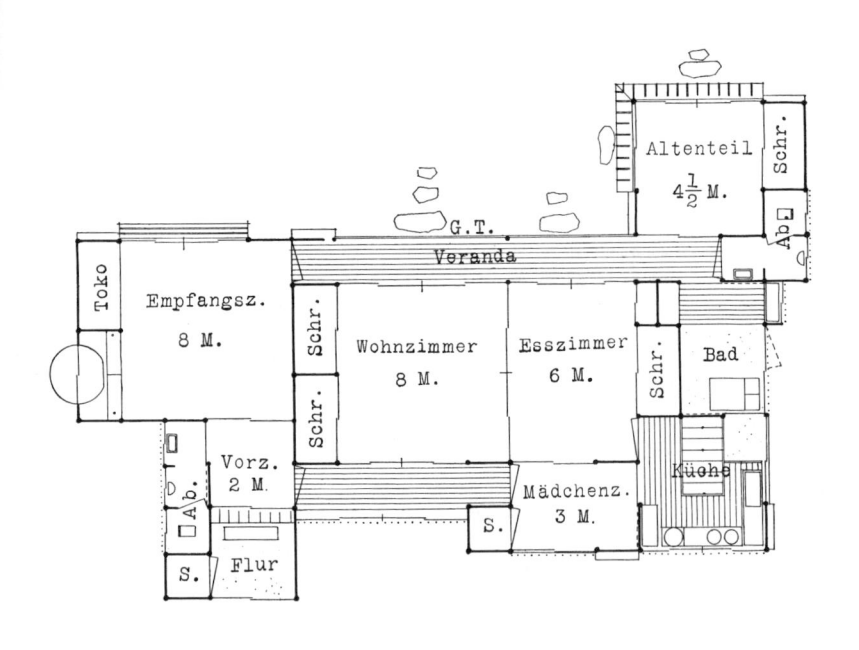

111 住宅K：床面積29.50坪（97.52㎡、31畳半）。おもな居室は座敷、居間、食堂の3室。居間と食堂は、冬には陽射しが注がれ、夏は風が通り抜ける配置になっている。両親用の部屋は分離され、庭に突き出るかたちをとる

Altenteil：両親用の部屋、Kinderzimmer：子供部屋

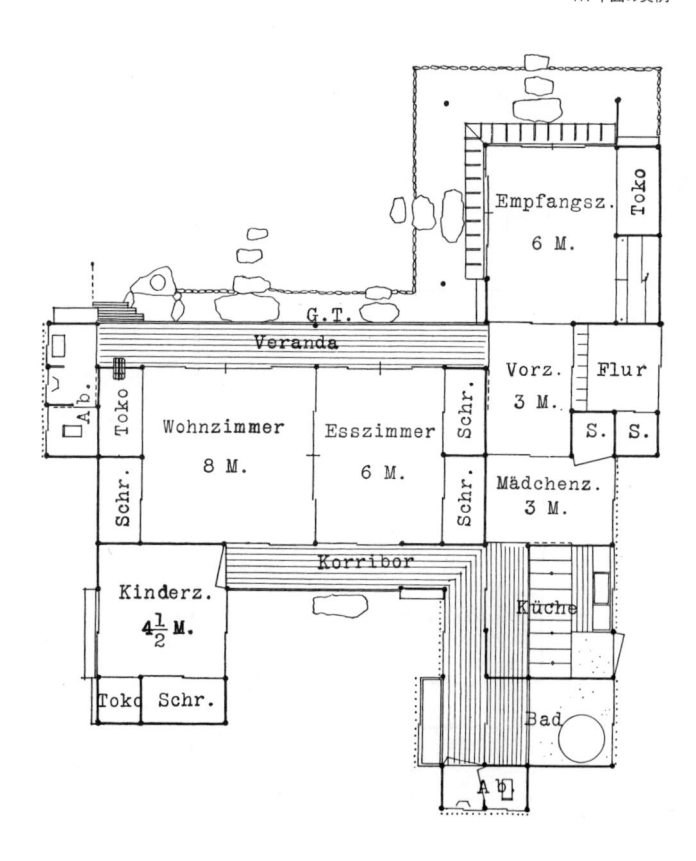

112 住宅L：床面積 30.25坪（99.83㎡、30畳半）。居間と食堂は、南北の両面に縁側がつき、日本の気候に非常に適した平面形式となっている。子供部屋は書斎や両親用の部屋として使うこともできる。座敷は庭に突き出るかたちになっていて、深い軒の下に濡れ縁がつく

Obergeschoß

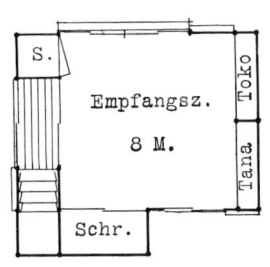

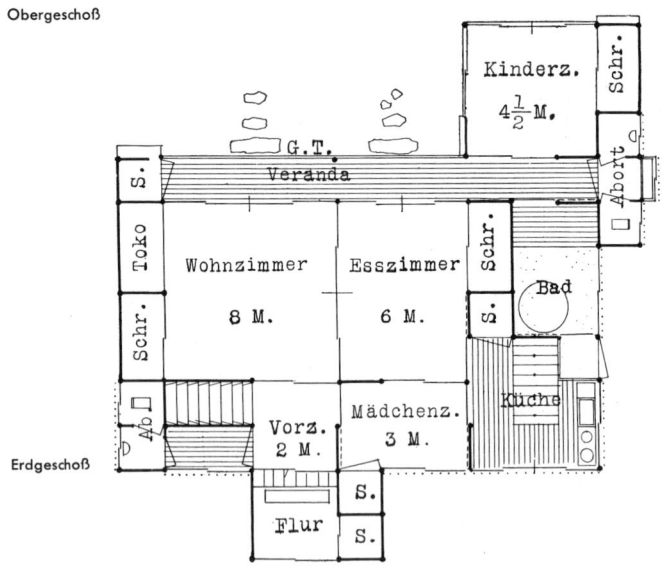

- S.
- Empfangsz. 8 M.
- Toko
- Tana
- Schr.

Erdgeschoß

- S.
- Veranda
- G.T.
- Kinderz. 4½ M.
- Schr.
- Abort
- Toko
- Schr.
- Wohnzimmer 8 M.
- Esszimmer 6 M.
- Schr.
- S.
- Bad
- Küche
- Ab.
- Vorz. 2 M.
- Mädchenz. 3 M.
- Flur
- S.
- S.

113 住宅M：
1階床面積……24.25坪（80.16㎡）
2階床面積……6.25坪（20.66㎡）
延床面積……30.50坪（100.82㎡、31畳半）
1階平面は住宅Kと原理的に類似している。座敷は2階にあり、書斎としても使える

Schub. = Schublade：引出し

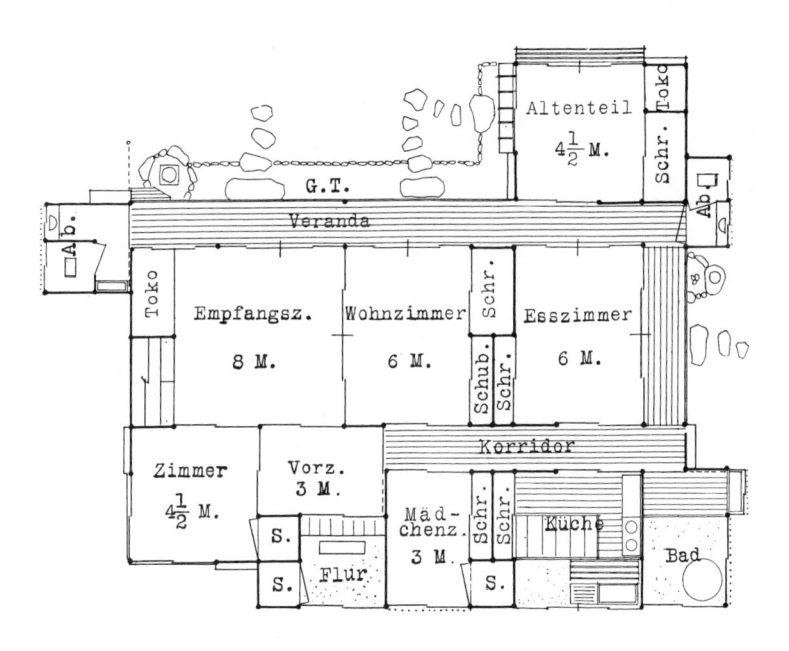

114 住宅N：床面積33.75坪（111.57㎡、35畳）。原理的には住宅G、部分的には住宅Mにも似た平面。西側の食堂に縁側を設けている

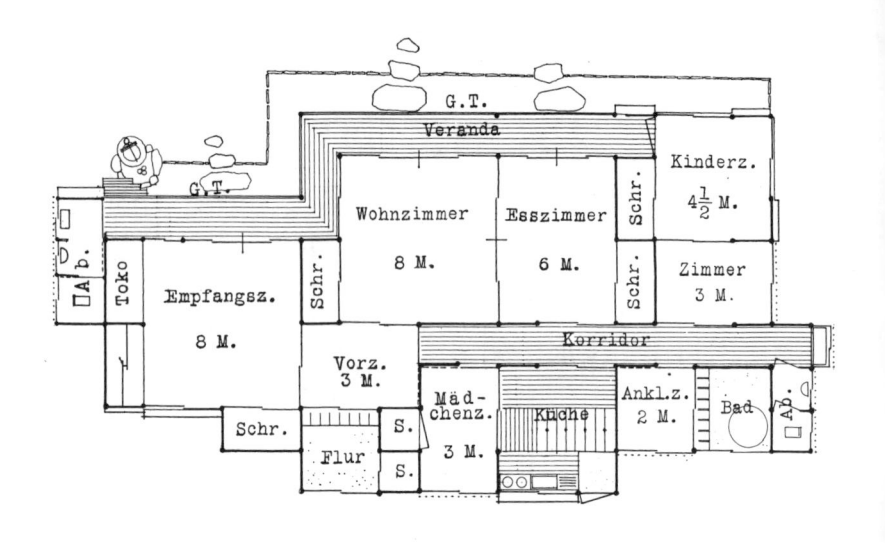

115 住宅O：床面積 34.40坪（113.72㎡、37畳半）。南側の縁側が雁行しているため、座敷と居間からの視線は重ならないよう考慮されている。居間は東南の2面に開放されている。浴室の脇には脱衣室がつく

116 杉の国有林 [I]（秋田県、写真：Kawada）

V. 建築材料

　住宅の建築材料はおもに木材である。塗装せずに用いられるため、色合いや光沢、木目が美的な効果をもつ。さまざまな木目や風合いの木材を組み合わせて使うことが、芸術的な観点から重要なのである。各種の木材を組み合わせて構成することで、また装飾のない簡略化された形態により、洗練された独特の雰囲気が得られる。日本の建築において木の果たす役割は大きく、銘木を入手するためだけに多大の費用が必要になるときもある。

　同じようなつくりであっても、使用される木が異なるだけで建設費に大きな差が生じる。平面が同じでも、坪単価80円と1,000円の家がありうるのである。また、木材の組み合わせだけでなく、木の色合いや木目にしたがって各部位の

117　檜の国有林（長野県木曽地方、図126を参照）

細部の寸法が決められていく点にも特徴がある。つまり、木材と各部位の形態は密接に関係づけられている。日本の建築の形態は簡素だからこそ、なおさらこの関係には十分に配慮しなければならない。

　以下の木材が建築材料としておもに使用される(以下カッコ内は学名)。

1. 檜(ひのき)(Chamaecyparis obtusa, S. et Z.)【図117、118、126】

　　糸杉の一種で、最上質の木である。平滑で密な表面をもち、木目が美しい。淡い色調と芳香に特徴があり、時間が経過すると灰色に変色する。防腐性にもきわめて優れている。

V. 建築材料

118 檜の国有林（岩手県）

2. 杉（Cryptomeria japonica, Don）【図119,120、121、127】

　シーダ材の杉の樹幹は直線状に、短期間で生育する。水分を多く含み、非常に柔らかいために堅木としては使用しない。美しく多彩な色合いをもち、芯材は赤茶色、辺材は淡色である。直線的な、また湾曲した流麗な木目をもつ。

3. 松【図122】

　松には赤松（Pinus densiflora, S et Z.）と黒松（Pinus Thunbergii, Parl.）がある。幹材は伸縮性に富むが、ヤニを生じる。

119 杉の国有林 [II]（秋田県、図127を参照）
120 伐採の様子（杉の国有林、秋田県）

121 杉の国有林 [III]（秋田県、写真：Akinaga）　　122 松の国有林（岩手県）

4. 栂（Tsuga Sieboldii, Carr.）

幹が直線状に伸び、材質は密で、木目が細かく、堅木となる。黄茶色で、湿気に強い。

建設費を抑えるために、近年ではアメリカ産の木材も用いられる。しかし、日本の木に見られるような美しい色合いや光沢は望めない。輸入材は大部分が小規模の住宅用で、中流層の住宅では構造材として使われるが、内観や外観の見えがかりには日本産の木を使用する。建設費に余裕があるときには、構造材にも日本の木を用いるのである。

檜、杉、松、および栂は、それぞれの特徴を活かし、目的に応じて使い分けられる。

かつて公家や地主の邸宅などの壮麗な建築には檜が用いられた。一般の住宅では、質素で静穏な雰囲気をつくり出すために、栂を使用する。檜は最上質

123 竹の国有林（京都府）

124 桐の林（福島県、図129を参照）

125 欅の国有林（宮城県、図128を参照）

の木材だが非常に高価で、過度に荘厳な印象を与えてしまうのである。ただし、檜には防臭効果や防腐性があるため、臭気の強い場所や腐りやすい部位に適している。

柔和な雰囲気にしたければ、松や杉が適当である。杉は柱材として、また板張り用の化粧材として知られるが、ほかの部位にも用いられる。直径18cmほどの若杉は製材されずに、樹皮を剥がし、研磨されて丸太材として使用する（磨き丸太）。また面皮材は、鉋をかけて断面を矩形に整形したもので、稜線部分を削らずに樹皮を残したままの角材である。自然を連想させる穏やかな雰囲気をつくり出すことができるため、杉の丸太材や面皮材はよく用いられる。

そのほか、化粧材として使われる木材には以下の種類がある。

1. 欅（Abelicea serrata, Mak.）【図125、128】

    堅木で耐久性に富み、伸縮性がある。美しい木目に特徴がある。

2. 桐（Pawlownia tomentosa, Bail.）【図124、129】

    最上質の木材。明澄で、白紫色の色調が柔和な雰囲気をつくり出し、美しい木目をもつ。

3. 桑（Morus alba, L. var. Stylosa, Bur.）

    堅木で淡黄色、木目が美しい。

4. 唐木すなわち、白檀、紫檀、黒檀などの、中国産やインド産の木。そのほか、さまざまな種類の樹皮つきの天然木。

これらの木を組み合わせて用いることで、多様な特徴ある効果を生むことができる。

上流層の邸宅や大規模な住宅ではすべての部位に檜が用いられる。一般の住宅では、全体が単調な雰囲気になるのを防ぐため、床の間や違棚などの造作に限って上記の化粧材を使用する。しかし、静穏な統一感が最優先されるため、過度の装飾的造形は慎まなければならない。

木材のほかの建築材料をみると、垂木、枠、格子、垣根には竹や葦が用いられる。また、屋根瓦、壁用には土を用い、襖や障子には紙が使用される。石は基礎と段石に使われるだけである。

126 檜板

127 杉板

128 欅板

129 桐板

V. 建築材料

130 床柱の種類
左から、杉の面皮材、こぶし丸柱、杉の磨き丸太、桜の丸柱、節のある檜、黒柿、桑、楓、杉、竹

131 馬場那須山荘の階段：柱、梁、手摺りに白木を用いている

VI. 構造とディテール

概要

　構造と形態のあいだに密接な関係があることは、日本の建築に顕著にみられる特徴である。構造材は露出していて、卓越した美的効果を生む。

　日本の住宅は伝統的に木造であり、柱と梁からなる簡素な骨組み構造である。そして、固定壁で囲い込まれる区画がきわめて少ない。固定壁のないところは可動の壁、つまり襖や障子によって仕切られる。

　まず割栗石の上の、地面から9.1〜18.2cmの高さに、根石(基礎石)**1**が置かれる【以下、図133〜136および補遺Iを参照。太ゴシックの数字は図135と対応】。今日では、割栗石ではなくヨーロッパ式の基礎を用いる場合もある。根石の上に土台(床下底の横架材)**2**を載せ、柱(断面寸法は10×10cmか12×12cm)**19**を立て、さらに貫(横桁)**10**で柱を堅結する。柱の足元は、足固め(柱脚を緊結する横桁)**3**により床下で固定されている。足固めは根太**4**を受け、図135のように床下を外部から区画している。柱の長さは10〜12尺(3.03〜3.64m)で軒桁(壁上部の敷桁)**20**まで達し、通常は1間で、あるいは半間、1間半、2間の間隔で立てられる。そして関東大震災(1923年)を契機として、ヨーロッパ式の建物に使われていた筋交いを導入するようになった。

　大引(桁材)【図134】の上に根太(角材)を載せ、その上に1階の床板が張られる。大引の間隔は3尺(90cm)、根太は1.5尺(45cm)である。大引は束(床下の短い柱)を支柱とし、束は沓石(台石)に上に割り貫で互いに緊結される。

　本来、小屋組(屋根構造)に斜材は用いられない。母屋(桁材)を支持するため、小屋束(短い柱)を小屋梁(屋根を支える梁)の上に立てる。小屋梁には製材された角材ではなく、自然のままの湾曲した木を用いる。小屋束の間隔は3尺で、これも貫で補強されている。

　日本の建築の構法が非常に単純で、構造的に大きな弱点があることは一目で察しがつく。地震や台風が頻発するにもかかわらず、これまでトラス構造は発展してこなかった。近年では梁間(スパン)が大きいときには、トラス構造の洋小

玄関側の立面図

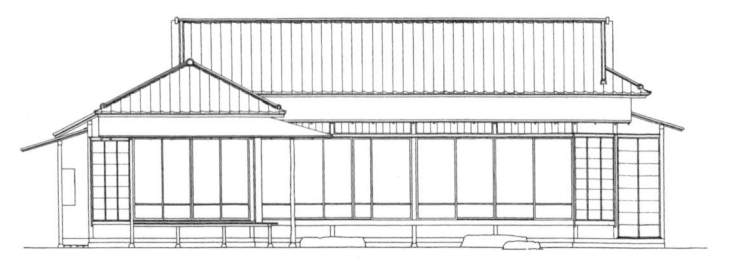

庭側の立面図

132　平屋の住宅の外観（図112を参照）

133　柱梁の骨組み構造

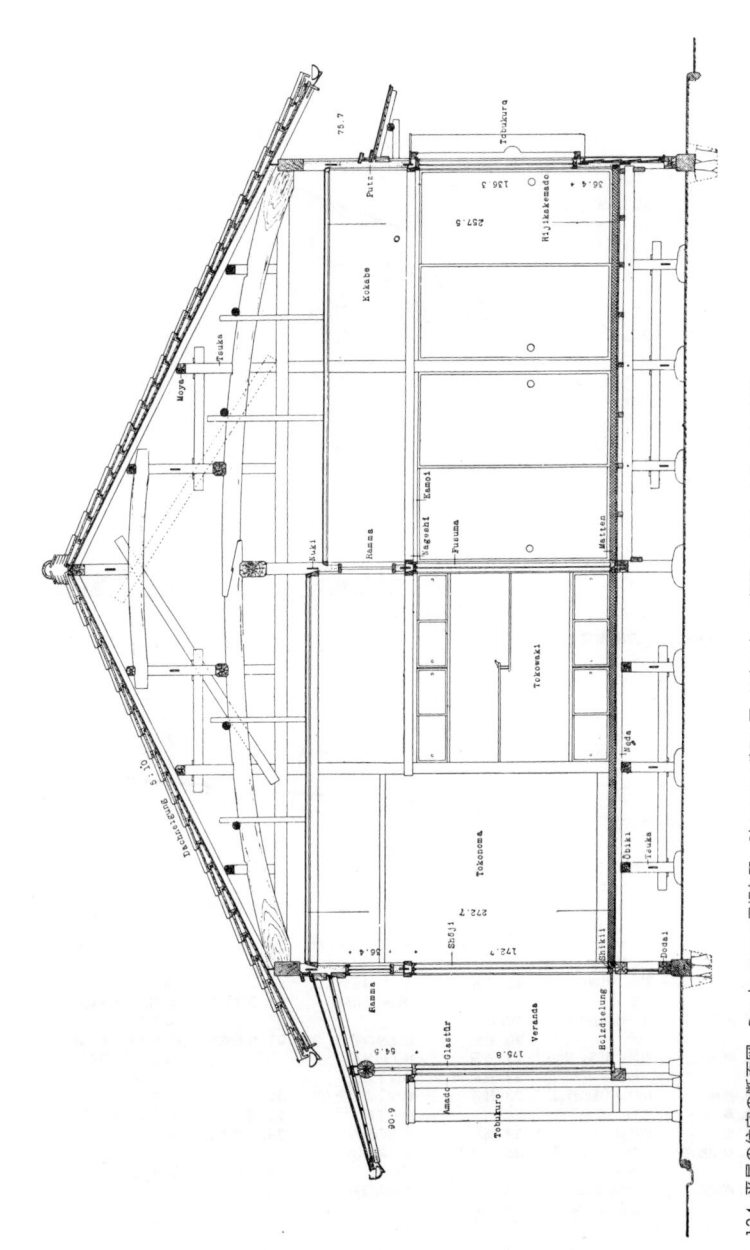

134 平屋の住宅の断面図　Dachneigung：屋根勾配、Glastüren：ガラス戸、Holzdielung：板張り、Matten：畳、Putz：漆喰

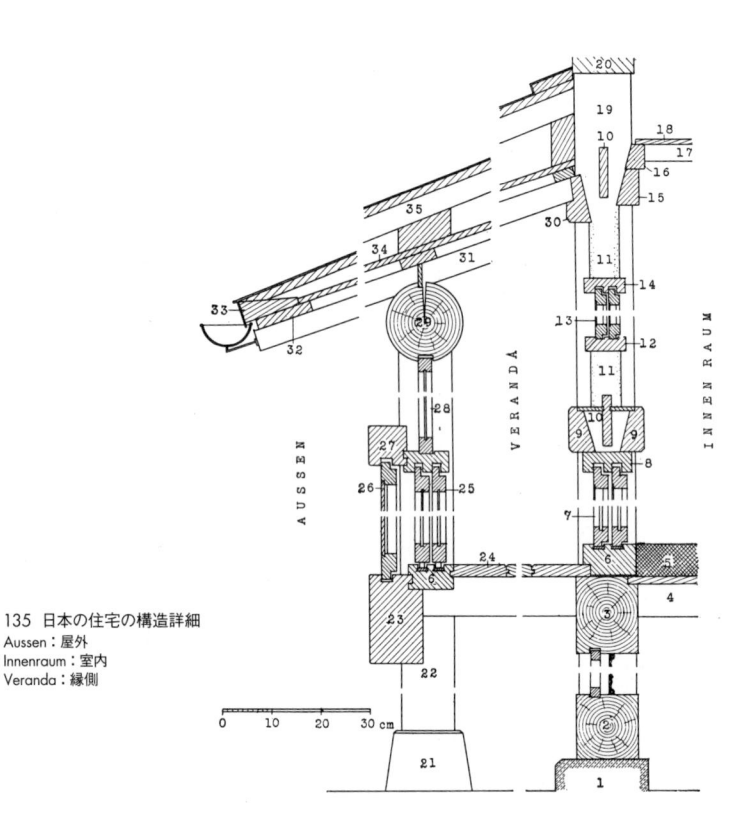

135 日本の住宅の構造詳細
Aussen：屋外
Innenraum：室内
Veranda：縁側

1. 根石 …………基礎石
2. 土台 …………床底の横木
3. 足固め………柱脚をつなぐ横桁
4. 根太 …………床桁（床板を受ける横木）
5. 畳 ……………わら製のマット
6. 敷居 …………引戸、引違い窓の下枠
7. 障子 …………透光性の紙を貼った戸
8. 鴨居 …………引戸、引違い窓の上枠
9. 長押 …………飾り縁（楣の押縁）
10. 貫 ……………横桁
11. 壁 ……………漆喰仕上げ
12. 欄間敷居……小壁につく開口部の下枠
13. 欄間障子……小壁につく開口部にはめ込まれる障子
14. 欄間鴨居……小壁につく開口部の上枠
15. 天井長押……天井の飾り縁
16. 天井回り縁…天井の枠縁
17. 天井棹縁……天井板を載せる横木
18. 天井板………天井に張られる板（板張り用薄板）
19. 柱
20. 軒桁 …………壁上部の敷桁
21. 沓石 …………柱下の台石
22. 縁束 …………縁側下部の柱
23. 縁框 …………縁側下の横桁（雨戸の下枠）
24. 縁板 …………縁側の床板
25. ガラス戸……ガラスをはめ込んだ框戸
26. 雨戸 …………木製の鎧戸
27. 一筋鴨居……雨戸の上枠（溝が1本だけの鴨居）
28. 縁側欄間……縁側の小壁につく開口部
29. 縁桁 …………縁側の敷桁（丸太材の場合は丸太縁桁）
30. 垂木掛け……縁側の垂木を載せる横木
31. 化粧垂木……天井を張らずに露出した斜めの垂木（化粧屋根裏）
32. 広小舞 ………軒先の縁材
33. 淀 ……………広小舞の上の縁材
34. 化粧裏板……露出した斜めの屋根板
35. 野垂木 ………縁側の屋根の垂木

VI. 構造とディテール

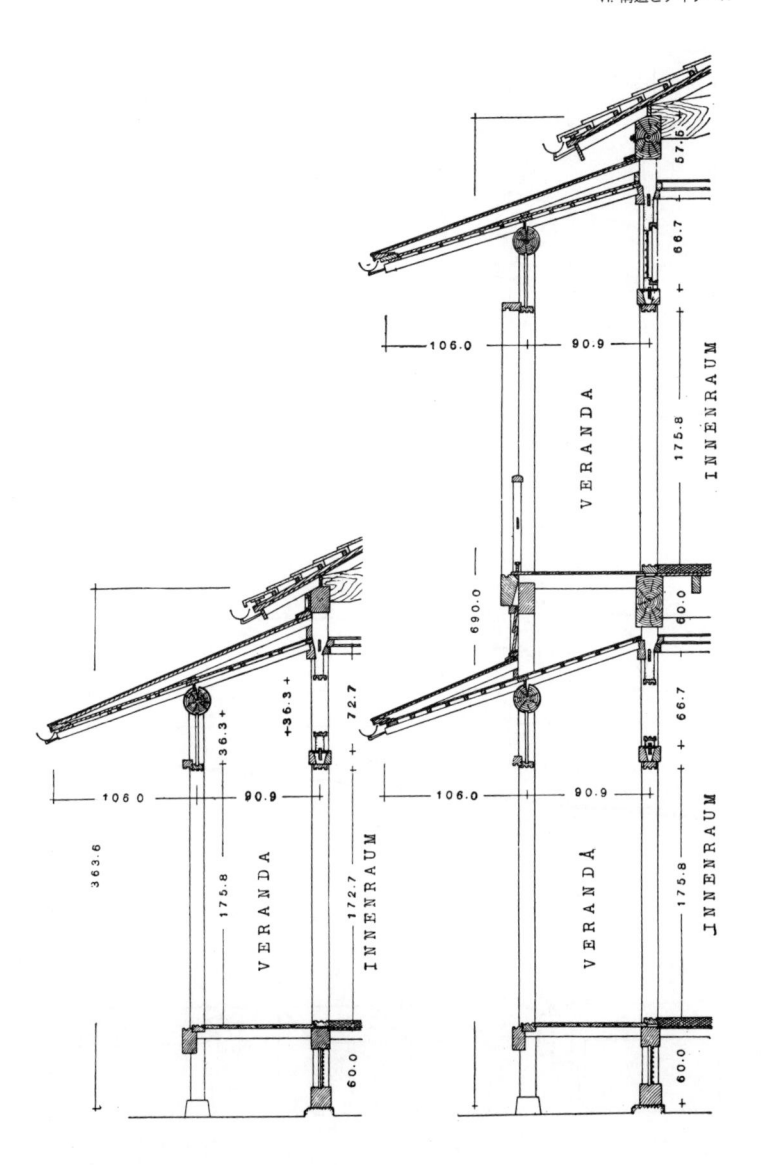

136 縁側および室内の断面図

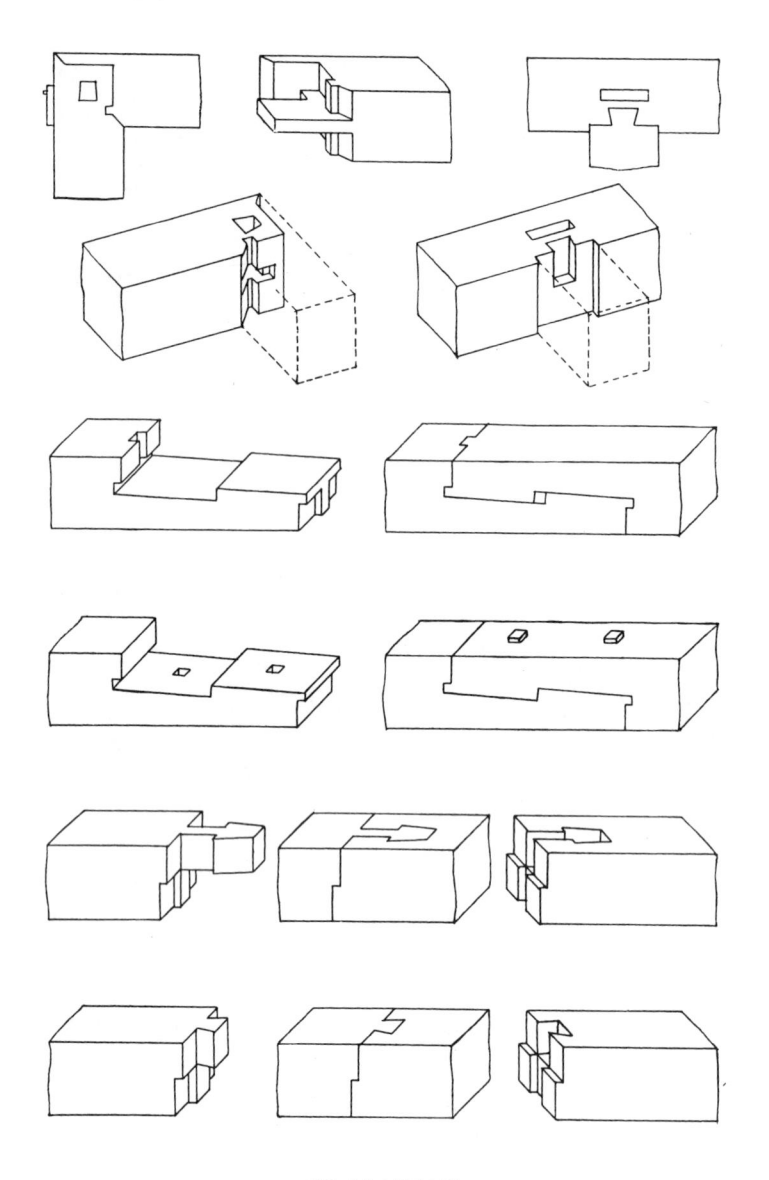

137 土台の継手の例

屋を用いる。しかし、小規模の住宅では、洋小屋よりも簡略で安価な伝統的構法が依然として使われている。日本の住宅に構造的な進展がみられないことは、冒頭で述べたように、日本人が家を保持することにそれほど執着しないことに関係しているのかもしれない。

一方で、日本人が古くから継承してきた、大工仕事などの特殊技能には特筆すべき点がある。木材をつなぎ合わせる方法など、卓越した技術が存在している。伝統的な構造技術の長所を発展させ、ヨーロッパの構法を取り入れて、さらに改善する努力を重ねることがいま必要なのである。

床

根太の上の床板(ゆか)は実際の床面ではなく、その上に敷かれる畳面が床となる。畳は5cmほどの厚さをもち、絨毯(じゅうたん)とは異なる。わらを編み込んでつくられ、表面にゴザを張り、小口を縁取りしたものである。

寝たり座ったりする際には、ふとんや座ぶとんを畳の上に敷き、使用しないときには片づける。このように空間を効率的に、また機能をあらかじめ限定せずに用いるという点で、畳は大きな役割をもつ。日本人は床に直接座るので、弾力性に優れ、断熱性が高いという畳の性質が好都合なのである。また、畳1枚の大きさは柱の間隔と同じで、幅1間、奥行き半間、田舎間では6尺×3尺(1.80×0.90m)、京間では6.5尺×3.25尺(1.97×0.98m)である。この点については、第Ⅲ章でくわしく述べた。

台所や付属室、廊下、縁側も板張りである。縁側の床は居室の畳の面より約3cm低く、縁側と居室のあいだには建具の下枠、敷居が設けられる。濡れ縁ではない場合には、縁側の長手方向にそって檜の板材を張る。濡れ縁では床は屋外側に傾斜し、雨水が外に流れるようになっている。また、濡れ縁の一部、ときには全体を竹床とすることもある。

1階の床は地面から50〜80cmの高さとなる。床下は板張りの壁で覆われるため、床下の空間に入ることはできない。床下換気のために、鍵つきの木製引戸や竹製の格子窓が設けられる。縁側の床下は開け放たれたままになっている【図134〜136】。

壁【太ゴシックの数字は図135と対応】

壁は、つぎの手順で柱と梁のあいだにつくられていく。

間柱**19**を60cmほどの間隔で挿入し、ほぞ継ぎの貫(横桁)**10**で固定する。間柱のあいだに竹を編み込み、その両面を、藁苆(わらすさ)を混ぜた土で塗り固める【図138〜140】。土壁の厚さは約6cm、柱の幅は10〜12cmなので、柱は土壁から少し突き出たかたちになる[*22]。室内外ともに柱は塗装されずに、木の自然の風合いが活かされるのである。

柱**19**のあいだに水平の枠を上下に取りつけ、引戸をはめ込む。上下の枠のあいだの長さは内法(うちのり)と呼ばれ、基準となる寸法が決められている。通常は5.7尺(1.73m)、富裕な住宅の場合は5.8尺(1.76m)である。敷居(下枠)**6**を足固め**3**の上に固定し、その上面が部屋の畳面と面一になるように調節する。楣(まぐさ)に相当するのが鴨居(上枠)**8**である。建具に応じて、敷居と鴨居の溝は1本か2本となる。

長押(なげし)(飾り縁)**9**は、鴨居**8**のすぐ上の位置に取りつけられ、部屋の四周をまわって壁を上下に分割する。かつては構造的な役割をもっていたが、今日では形式的な意味合いが強い。長押の寸法は、柱の幅に定数0.8〜0.9を乗じた数値とする。たとえば柱の幅が11cmならば、長押の幅は8.8〜9.9cmとなる。長押は柱に釘打ちして固定されるが、釘が表面に露出しないように工夫され、かつては釘隠(くぎかくし)(装飾の施された金属板)で釘頭を覆っていた。釘隠の優美な造形を、たとえば京都の桂離宮にみることができる【図141】。

壁と天井とは、天井回り縁(天井の枠縁)**16**で区切られる。長押**9**と天井回り縁のあいだを小壁という【図134】。小壁の高さは、床に敷かれた畳の枚数に定数0.25〜0.3を乗じて算出される。6畳の部屋では、6×0.25=1.45尺あるいは6×0.3=1.8尺、つまり44〜54cmとなる。

天井回り縁のすぐ下に天井長押(天井の飾り縁)**15**を取りつけることもある。天井長押の寸法は、柱幅の0.6〜0.7倍である。大きな部屋では、小壁の高さは上記の算出方法での値よりも大きめに設定されるが、この際に長押と天井長押のあいだに長押をもうひとつ挿入し、小壁が実際よりも小さく見えるように工夫することもある。

[*22]. 初版の原文では「柱の幅は4〜6cm」と記されているが、115ページの表記「10×10cmか12×12cm」にあわせた。なお、第2版(1954年)では、「10〜13cm」と改められている。

VI. 構造とディテール

138 工事中の壁

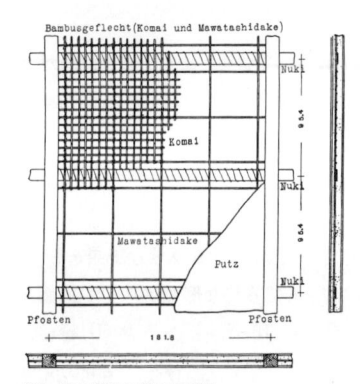

139 壁の構造:断面展開図

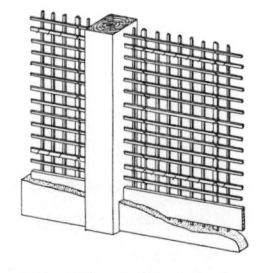

140 同左:アイソメトリック

Bambusgeflecht:竹網(=竹小舞)、Mawatashidake:間渡竹、Pfosten:柱、Putz:漆喰

123

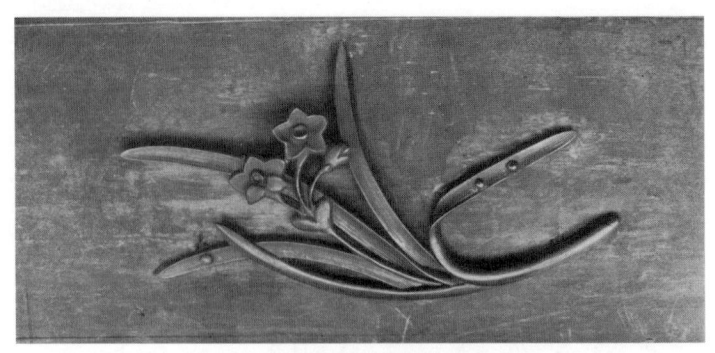

141 長押の装飾金物・釘隠（桂離宮、『京都御所離宮図集』）

　土壁には壁紙や壁布が貼られることはない。色のついた砂や土を混ぜた漆喰を薄塗りして仕上げ、軽やかな、表面のざらついた壁面がつくられる。この壁は多孔質で熱を通しにくいので、湿気の調節に適している。極端な色使いを避けて黄褐色や暗褐色などの穏やかな色彩が用いられるため、柔和で静穏な雰囲気が生まれる。また、台所や便所では、壁面の漆喰は平滑に仕上げられ、白、淡青色、黄色などの色が用いられる。

　外壁の仕上げ材は、その地域の降水量と関係している。東京のように雨がよく降る地域では板張り、逆に京都のようにあまり雨が降らない地域では、白く滑らかな漆喰壁が多くなる。

天井【太ゴシックの数字は図135と対応】

　天井は板張りで、その色調や木目の模様が室内装飾として大きな効果をもつ。
　茶室の天井は水平とは限らず、材料もさまざまで多様な形式がみられる【図143～144】。一般の住宅ではおもに木の薄板が用いられる【図142】。天井回り縁**16**の上に、床の間と平行に天井棹縁（天井板を載せる横架材、約3×3cm）**17**を1／4間の間隔（45cm）で架け渡す。この棹縁と直角に長さ1間(1.8m)、幅1〜1.5尺(30〜45cm)の天井板**18**が張られる。

VI. 構造とディテール

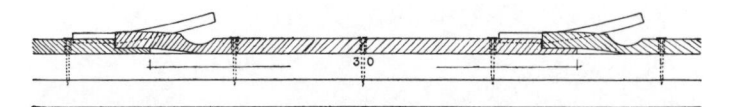

棹縁と水平方向の断面図

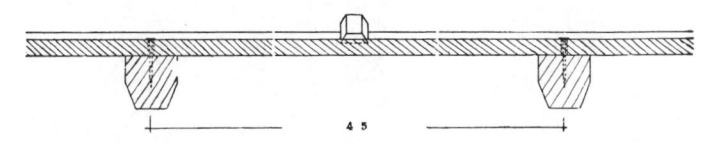

棹縁と垂直方向の断面図

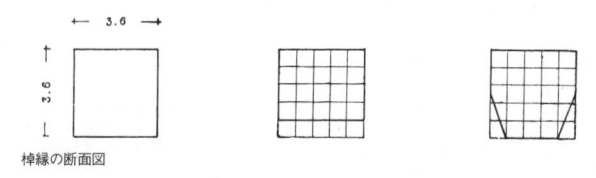

棹縁の断面図

142　天井板の一般的な納まり

143-a　茶室の天井 [I]：竹製の棹縁と葦の天井

143-b　茶室の天井 [II]

125

144 茶室：葦の天井と竹製棹縁（京都、1600年ごろ）

　天井板には杉板を用いることが多い。天井回り縁と棹縁には、角材や竹を塗装せずに使用する。棹縁をたがいに直交させて二方向に設けると格天井(格子状の天井)となるが、一般の住宅ではほとんどみられない。
　網代天井は、杉や桐の、幅10cmほどの薄板を編み込んだ天井である【図91】。また化粧屋根裏は、天井を張らずに屋根裏を見せるもので、屋根の傾斜がそのまま天井になっている。化粧屋根裏天井とするのは、茶室や縁側、廊下だけである【図81】。

屋根

屋根は美的、造形的な観点から非常に重要である。

屋根の形状には、切妻、寄棟、入母屋がある。入母屋は切妻の一種で、隅棟が短く、破風が接するような形状をしている【図94】。勾配は4.5／10〜5／10で、屋根面は通常平坦だが、外観上の配慮で起りや照り*23がつけられることもあり、灰色の瓦で葺かれるのが一般的である。藁葺きや柿葺きはとても美しいのだが、法律で規制されているために都市部では実現できない。

縁側には片流れの庇が設けられ、銅板や鉄板などの軽量の材料で葺かれる。窓や出入口にもそれぞれ庇がつき、木や銅板、鉄板が使われる。

陽射しや雨を防ぐために、屋根の張り出しが大きいのも日本の住宅の特徴である。縁側では2.5〜4.0尺(76〜121cm)、ときにはそれ以上に張り出すこともあり、窓では一般に2尺(61cm)ほどである。

太陽光の入射角は、東京(北緯35°41′)では春分、秋分の正午で54°19′、夏至で77°46′、冬至で30°52′である。図170に示したように屋根の張り出しは、夏には陽射しを遮り、冬には室内の奥深くまで陽射しを導き入れて、暖かで快適な部屋をつくり出すのである。

戸と窓

外壁や室内のいたるところに開口部を大きくとるのが、日本の住宅の特徴である。室内では長押の上下にそれぞれ設けられ、上側の小壁の開口部が欄間である。長押の下側の開口部は、ガラス戸や障子を用いることで、窓であると同時に戸にもなる(以下、窓も含めて「戸」として説明する)。

縁側では、鴨居が庭側も居室側も同じ高さになるのに対し、床は居室よりも3cmほど低くなっている。そのため、庭側の戸の内法は居室側よりも3cm高くなり、5.8尺(1.76m)か5.9尺(1.79m)となる。

居室では、畳の面から1.2尺(36cm)の高さに敷居を取りつけて、肘掛窓がつくられる。台所、風呂、便所、廊下の窓といった場所の敷居は、高さが床板から3〜4尺(90〜120cm)となる。居室だけでなくすべての部屋で、窓と戸は鴨居と同じ

---

*23. 起り：konvex ＝凸面の、照り (反り)：konkav ＝凹面の

145 座敷の展開図

1. 2室を仕切る襖と欄間

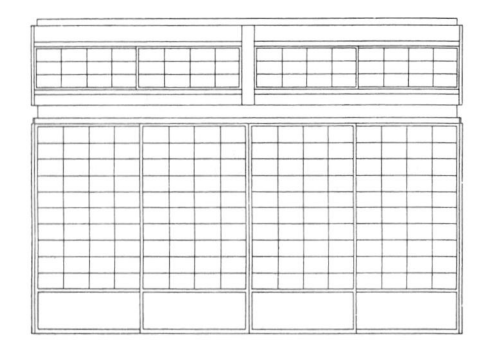

2. 座敷と縁側を仕切る障子と欄間

高さとする。標準的な窓の縦寸法は4.5尺(1.36m)か4.6尺(1.39m)、台所や風呂では2〜3尺(60〜90cm)である。

　また、戸や窓の幅は一般に半間(3尺=90cm)で、柱間が1間の場合は3尺幅で2連の引戸とする。1間半のときは4連か2連となるが、2連は部屋が大きい場合に限られる。また、2間のときには必ず4連の引戸となる。そして半間の場合は柱間と戸1枚の幅が同じになるので、戸を壁に沿って引き込むかたちになる。開き戸は空間の利用効率性が悪いので好ましくなく、あまり使われない。

　戸と窓は材質によって、以下の種類に分類できる。

VI. 構造とディテール

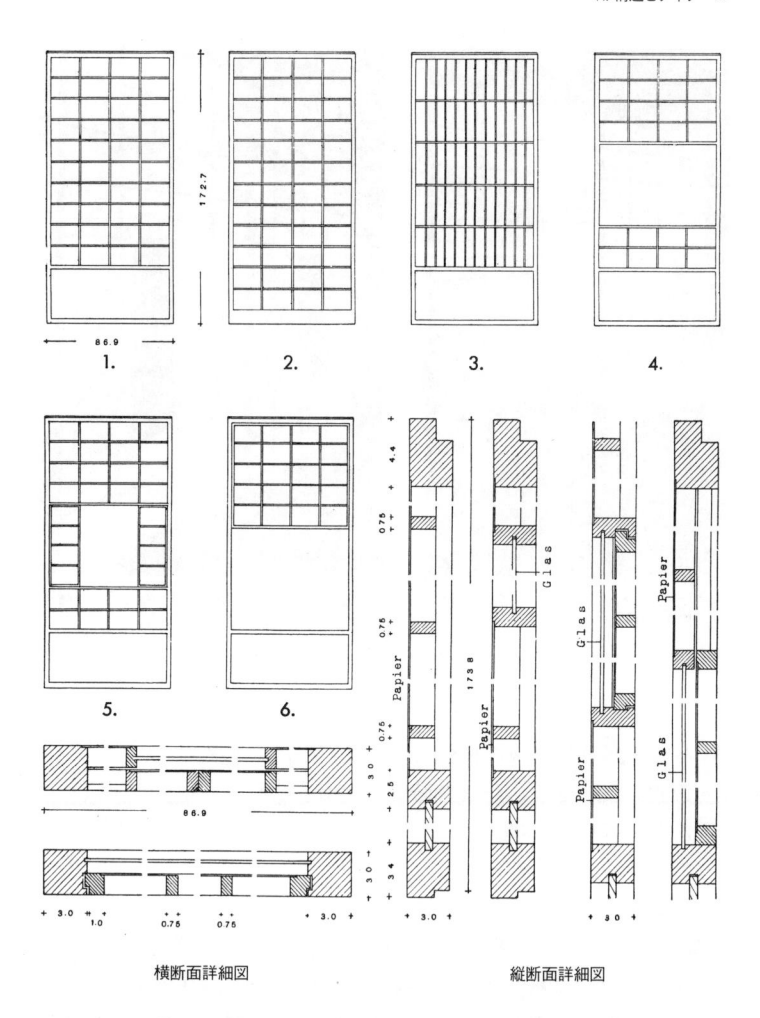

横断面詳細図   縦断面詳細図

146 障子の例
1. 一般的な障子、2. 腰板のない障子（水腰障子）、3. 縦繁桟障子、4. ガラス入障子、5. ガラス入引分猫間障子、6. ガラス入摺上障子
Glas：ガラス　　Papier：紙

147　ガラスがはめ込まれ、一部が上下にスライドする障子

148　左右にスライドする小障子を組み込んだ障子

1. 障子、明障子：光をとおす半透明の紙を貼った戸や窓
2. 襖：壁紙のような厚紙を両面にのり付けした戸
3. ガラス戸、ガラス窓
4. 板戸
5. 簾障子

　採光が必要な場所や、縁側と居室のあいだの建具には、障子【図145〜149】が用いられる。光はこの紙製の建具を透過して室内に拡散し、和らかな表情をつくり出す。断熱効果に優れ、通気性もあるので、室内の換気が自然におこなわれるという利点もある。枠は幅8mm、奥行き16mmの桟を格子状に組んだもので、細工が精巧になるほど枠幅は小さくなる。1.2尺（36cm）や2尺（60cm）の腰板をもつのが腰高障子、腰板をつけないのが水腰障子である。

　障子紙は巻物のようになっていて幅が一定である。紙幅に合わせて横桟の

Ⅵ. 構造とディテール

149 腰板のない障子（水腰障子、桂離宮）

間隔が決まり、この横桟に紙をのり付けする。かつては戸や窓の全面に紙を貼っていたが、近年では座った人の目の高さにあわせてガラスをはめ込み、屋外の庭を室内から眺められるようにした障子もつくられている。下半分がガラス窓で、上下に分割された障子がスライドし、夜間にはこの障子を下ろしてガラス窓を閉ざすのである。また、ガラス窓を中央にはめ込み、左右の障子が中央のガラス窓までスライドするタイプもある。

　襖【図150〜152】は各部屋を仕切る建具であり、押入の戸などにもなる。桟を縦横に組んで枠をつくり、両面に3〜4層の紙を貼り重ねる。仕上げには、壁紙のような美しい紙や布地を貼る。小口は18×18mmほどの框で縁取りし、黒の漆塗りとする。小さな長方形の開口を設け、障子紙を貼って光をとおすようにしたタイプもある（源氏襖）。

　ガラス戸とガラス窓は、縁側、外壁、台所と浴室の仕切りとなる。雨戸がな

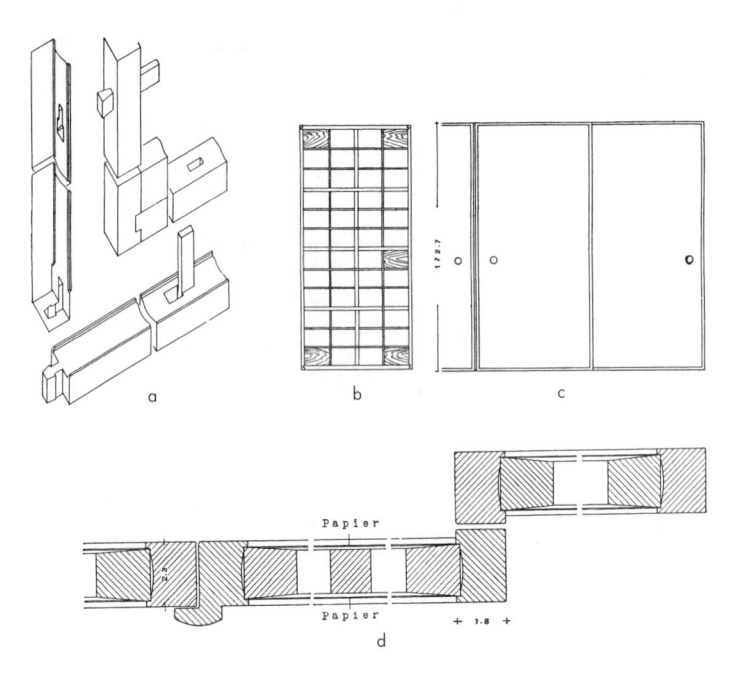

150 襖のディテール
a. 枠と框の接合部　　b. 襖骨と桟　　c. 展開図　　d. 横断面詳細図
Papier：紙

い場合には、泥棒が入らないように、鉄や木、竹の面格子を前面に取りつける。強い陽射しを和らげながら、断熱性能も高めるために、窓の内側に障子を組み込み、さらに張り出し窓にすることできる。

　板戸については、以下のように、さらに細かく分類される。

　a）雨戸【図156〜159】
　　外気に面した戸や窓の前面に取りつけられる板戸。断熱や防雨のほかに、泥棒除けの役割をもつ。横桟を組んだ枠に小幅の板を、さねはぎや目板で継ぎ、釘打ちする【図156-c：さねはぎ（凹凸部分）の例】。換気用として左右に動かして開閉する小さな窓、無双窓も設けられる。

Ⅵ. 構造とディテール

151 座敷の隅部
左側の背の低い読書机は、脚に竹を用いている。膝を折って座り、机に向かう。奥に並べられているのは茶会用の道具。襖には柔和な白色の紙が貼られ、枠は黒漆、円形の引手金物はブロンズ製で黒色である
152 桂離宮の寝室

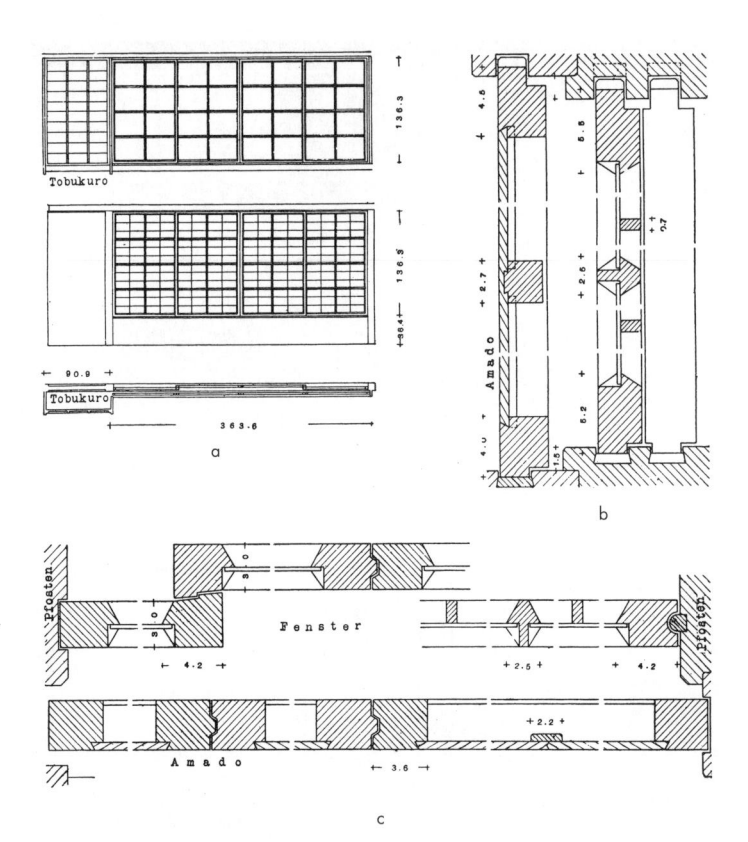

153 すりガラスの肘掛窓（座敷の窓）
a. 室内側および室外側の姿図と平面図　　b. 縦断面詳細図　　c. 横断面詳細図
Fenster：窓　　Pfosten：柱

VI. 構造とディテール

154　室内側からみた肘掛窓（障子）
155　同上外観
修学院離宮〈窮邃軒（きゅうすいけん）〉

室外側姿図

室内側姿図

平面図

縦ざると横ざる

1. 一般的な雨戸

2. 換気用に無双窓をつけた雨戸

縦断面詳細図

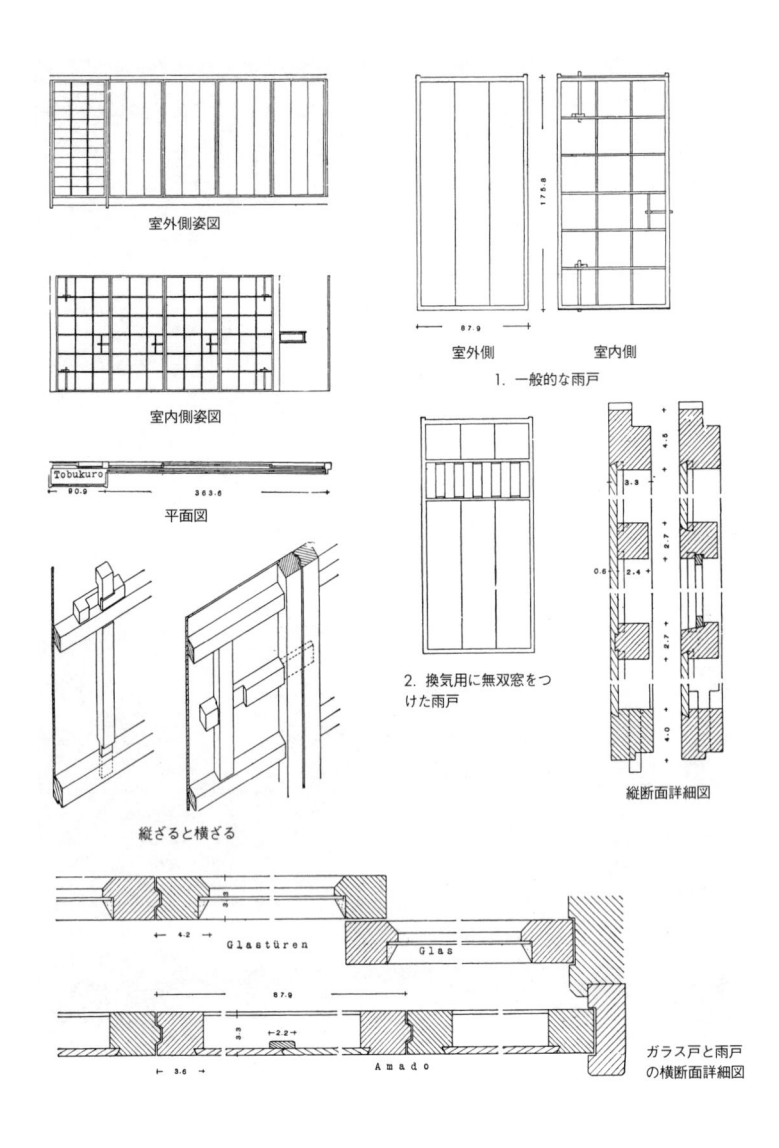

ガラス戸と雨戸の横断面詳細図

156 雨戸
Glas：ガラス　　Glastüren：ガラス戸

VI. 構造とディテール

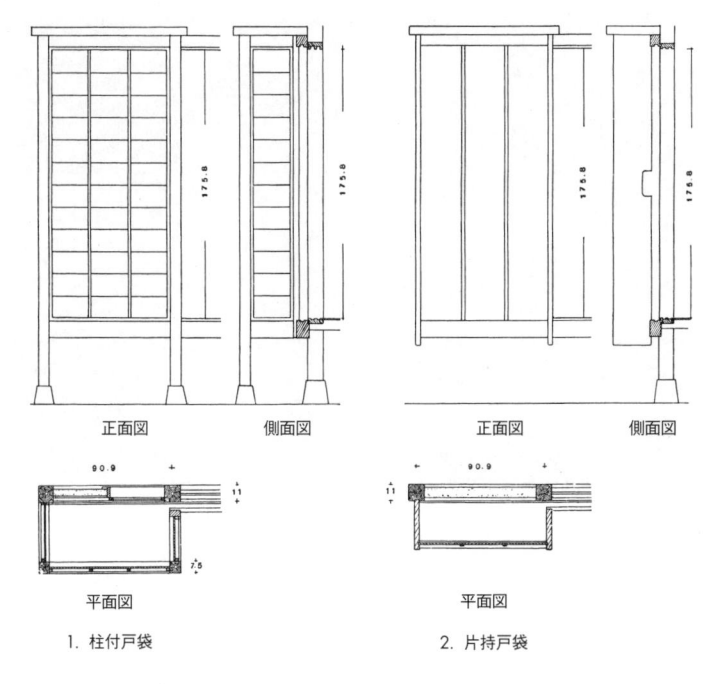

正面図　側面図	正面図　側面図
平面図	平面図
1. 柱付戸袋	2. 片持戸袋

157 戸袋（雨戸を収納する板囲い）の例

雨戸は敷居の9mm幅の溝にはめ込まれる。戸の底に鉄製やゴム製の脚輪を取りつけることもある。隣りの雨戸とは閂（横ざる）で緊結されており、一番端の雨戸には上下にも閂（縦ざる）が装着されていて、それぞれ鴨居と敷居に固定される【図156「縦ざると横ざる」を参照】。昼間は、戸棚のようなかたちをした戸袋（板囲い）に収納されるのである。

戸袋は開口部の端に設けられ、その内側の幅と高さは雨戸の大きさにあわせて決められる。奥行きは、収納される雨戸の数に対応している。通常は8枚ほどの雨戸が入るようになっていて、縁側から片持ちで張り出し

158 雨戸と戸袋
雨戸の上部に無双窓がみえる（図159も同様）

159 室内側からみた雨戸
右端に縦ざると横ざるがみえる

ている。8枚以上になると、戸袋の下に支柱と束石が必要となる。

戸袋の側面、つまり雨戸が引き込まれる面には、敷居の溝に沿って、雨戸の厚さにあわせた細長いスリットを設け、ここから雨戸を戸袋のなかに仕舞うのである。戸袋の室内側か側面にも開口があり、手を入れて雨戸を1枚ずつ奥に送る。こうすることで、戸袋のなかに雨戸を隙間なく収納できるのである。また、戸袋の位置については、採光や眺望があまり損なわれないように配慮しなければならない。

b) 格子戸【図160】

おもに玄関の戸に用いられる。最近では室内側にすりガラスがはめ込まれるようになった。

VI. 構造とディテール

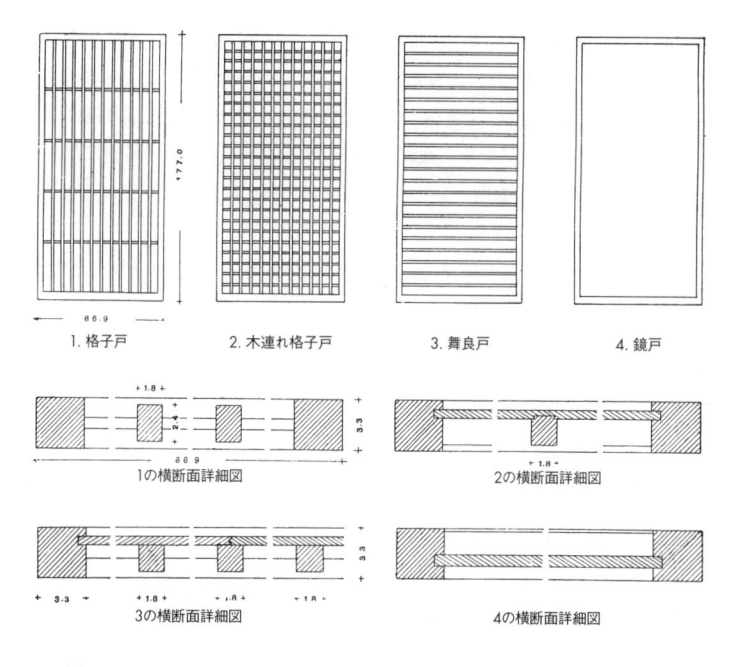

| 1. 格子戸 | 2. 木連れ格子戸 | 3. 舞良戸 | 4. 鏡戸 |

1の横断面詳細図　　　　　　　　　　　2の横断面詳細図

3の横断面詳細図　　　　　　　　　　　4の横断面詳細図

160　木製の戸の例

c) 舞良戸
　　枠に板を張りつけ、鏡板の上に横桟を打ちつけた戸。横桟の配列はさまざまある。

d) 木連れ格子戸
　　鏡板に横桟と縦桟を取りつけた戸。舞良戸と似ているが、縦と横の二方向に桟をつける点が異なる。

e) 鏡戸
　　舞良戸や木連れ格子戸と同様で、枠に鏡板を張りつけるが、桟はつけない戸。

舞良戸、木連れ格子戸、鏡戸は、付属室や通路空間の建具として使われる。

139

枠や飾り縁は黒く漆塗りされ、鏡板に絵が描かれることもある。

　夏には障子や襖を取り外し、簾障子を用いることで、風通しをさらに良くすることができる。簾障子は、下半分がパネル状の板、上半分が葦を編み込んだつくりになっている。葦でできた垂蓆、簾も使用され、縁側や窓の外側に吊り下げられる。簾障子や簾を用いることで、季節によって家の外観が変わることになる。

　そのほかにも、装飾的な効果のために使われる窓がある。それぞれの形態に特徴があり、その一部を図161に示した。

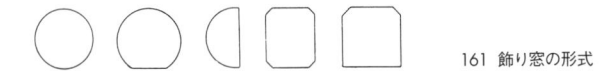

161　飾り窓の形式

　また、下地窓は竹、葦、蔓を格子状に組んだ窓で【図162、164～166】、茶匠・利休の創案によるといわれる。利休は散策中にひどく朽ち果てた農家に遭遇し、壁の漆喰がはがれ落ちて竹を編んだ下地が露出しているのを目にした。この経験がきっかけになり、下地窓が考案されたといわれる。室内側に障子紙が貼られることもある。

　欄間は、美的な意味においても、通風のためにも非常に重要である。設けられる場所で3種類に分類される。居室と居室のあいだ、居室と廊下・縁側のあいだ、廊下・縁側と屋外のあいだである。

　居室間の欄間は格子窓か、板や竹をはめ込んでつくられる。建築家（工匠）が造作に腕をふるい、さまざまなかたちの意匠が施される【図163】。このタイプの欄間では、隣りあう部屋のあいだで通気を確保するため、ガラスをはめたり紙を貼ったりすることはない。

　居室と廊下・縁側のあいだにある欄間は、引戸の障子となり、室内への採光に役立つ。

　廊下・縁側と屋外のあいだではガラスの引戸とし、さらに前面に格子戸を取りつける。ここには雨戸はつけない。

VI. 構造とディテール

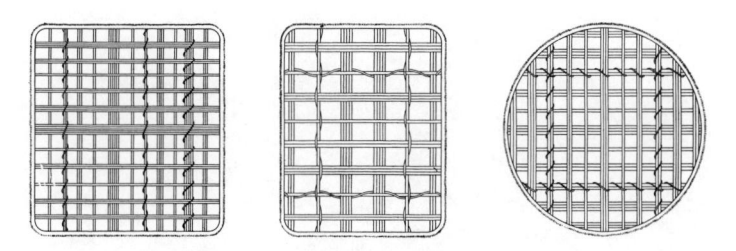

162 下地窓（壁下地の細い竹棒、葦、蔓を露出させた格子窓）の例

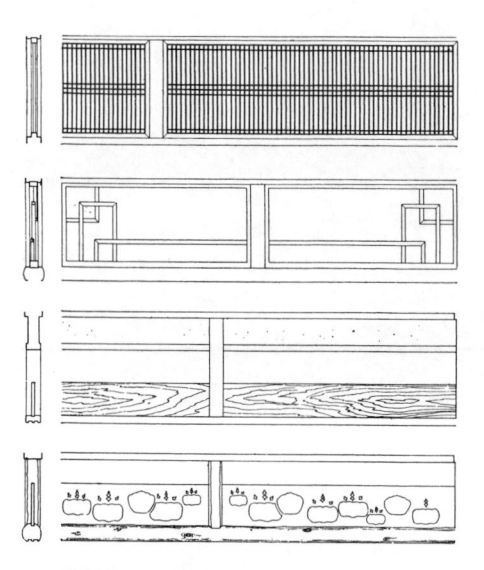

163 欄間（2室間の小壁に設けられる開口部）の例

141

164 下地窓と丸窓（表千家の住宅、京都、1700年ごろ、『聚楽』より）

VI. 構造とディテール

165 床の畳面の位置に設けられた下地窓の外観（桂離宮〈笑意軒〉、『京都御所離宮図集』より）

166 下地窓の欄間（桂離宮〈笑意軒〉、『京都御所離宮図集』より）

VII. 換気、暖房、採光、給排水

概要

　衛生の問題は、技術的、経済的、美的な側面とも関連し、きわめて重要である。室内の日照、換気、採光、暖房、給排水など、すべてが衛生の問題に帰着する。衛生に配慮して住宅を設計することは、住宅建築の第一の要点なのである。

　衛生という観点から日本の住宅を説明するにあたって、あらためて日本の気候や生活様式、精神的な風土についてみておく必要がある。

　日本では、外気の温度の変化に対し、室内を密閉するようなことはおこなわない。どの季節でも慣習的に、仕事は戸外で営まれる。また、禁欲的な仏教や東洋哲学の影響で、余計に物をもたない生活が当然のことのように思われてきた。そのため、住宅に対する要求も少なく、冬でも夏と同様に、できるだけ自然と一体化した生活を志向してきた。日本において設備技術が十分に発展してこなかったことも、このような思想や生活様式にその一因を見出すことができるのである。

　今日の中流層の住宅では、自然が与えてくれる太陽の光や風といった要素を、効率的に家のなかに取り込むことを第一に配慮する。人工的な設備が必要となる場合は、あくまでも自然の要素の代替品として、その使用は最小限にとどめられる。ヨーロッパから直接的、間接的に影響を受けたが、近代的な設備はこれまで公共建築に限られており、住宅建築への導入はまだ過渡期にある。

換気

　序論において日本の気候の特徴を記したが、換気は衛生上の重要な意味をもち、設計に際して最初に考慮しなければならない点である。空気を循環させることで、夏の室内でも不快に感じることなく、カビの発生を抑えることもできる。

　日本人は通風を配慮し、夏の気候を主眼として家を建てる。たとえば東京では、夏の風は南東29～45度の方向から吹いてくる【図168】。そのため、すべての居室をできるだけ南面させて配置し、北側にも開口部を設け、良好な通風を確

167 座敷：木材はすべて杉で、床柱と床框は杉の磨き丸太

保するのである。また、木造という構造形式自体が換気に有利な性質をもっている。通気性を高めるわずかな隙間があり、壁、窓、戸に使用される材料は多孔質のため空気がとおることになり、なかでも障子紙などは通気性が非常に高い。

京都大学の衛生学研究室[*24]は、日本の住宅と、ヨーロッパの構法による住宅について、室内の換気性能に関する調査をおこなった。その結果、日本の住宅の換気回数はヨーロッパの住宅の約4倍であることが実証された。標準的な日本の住宅では換気回数が1時間あたり約2回だが、ヨーロッパの住宅では0.5回にすぎない。換気の不備は、健康状態や死亡数などの統計的な数値に反映している。また換気性能そのものも優れているため、一室あたりの居住者数が多くても、ヨーロッパの住宅ほどには不快に感じない。さらに換気という点に限っ

[*24.] 藤井厚二の研究室を指す。その著作『日本の住宅』(岩波書店、1928)は本書の参考文献にもあがっている。

ては、上流と庶民の住宅に大差はないのである。

さらに、日本の住宅には固定壁のほかに、壁の役割をもつ可動の建具もある。この建具を取り外すことで、室内の空間をひとつの大きな広間に変え、庭と室内の境界をなくすことができる。建具は夏の日中には毎日のように取り外されるが、戸の役割も同時に求められるため、簾障子や簾で視線を遮りながら、通風を妨げないようにする。夜間にはもちろん泥棒に気をつけなければならない。夏の夜や寒い季節には、小壁の欄間【図134】、板戸の無双窓【図158、159】、床面に接する高さ15cmの掃出窓といった開口部が換気の役割を果たすのである。

暖房

東京、大阪、京都などの主要都市の冬の気候は、パリやロンドンよりも寒冷だが、ベルリンよりははるかに暖かい【図3】。冬でも陽射しがさんさんと降り注

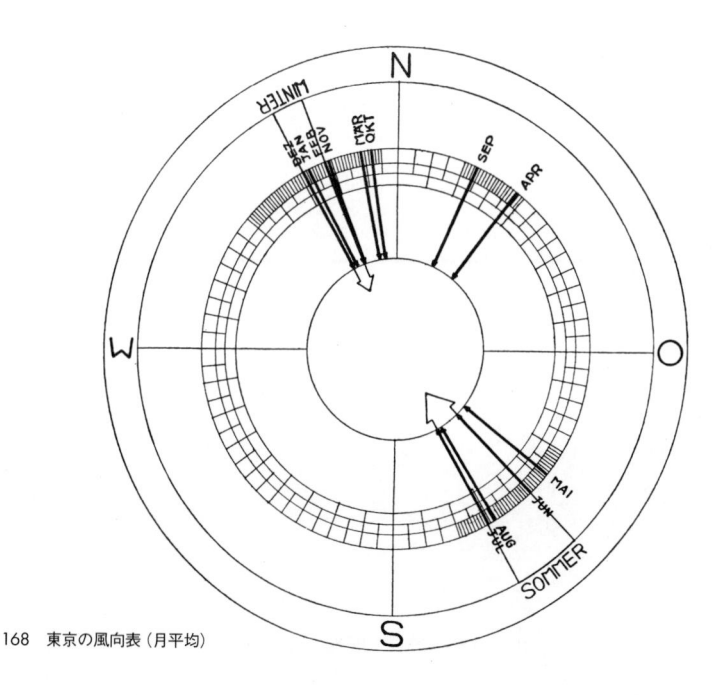

168　東京の風向表（月平均）

169 住宅の庭側外観（馬場牛込邸、東京、1928年）

ぐ温暖な日があり、そのような日には建具を開け放して、光や空気を室内に入れる。

したがって、ヨーロッパのような暖房器具は必要とされてこなかったのである。炭を入れて、持ち運びできる火鉢を古くから使ってきた。火鉢で温められるのは手だけで、気温にあわせて重ね着する。寒い地域や、老人がいる家庭では、別の種類の火鉢が用いられる。耐火性の材料でつくられた火鉢を床下に埋め込んで固定し、その上に台を置き、毛布をかぶせる。家族でこの台を囲んで座り、腰から下を毛布のなかに入れて、暖気が逃げないようにする。これが熱気浴の一種、炬燵である。

ヨーロッパのように電気ストーブやガスストーブ、セントラルヒーティングがあるのは裕福な家庭に限られている。

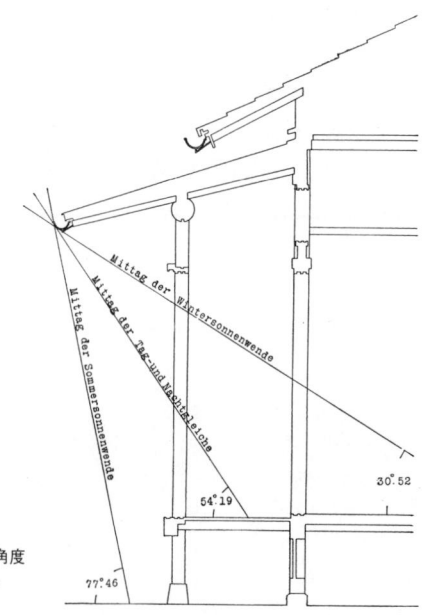

170　南面する部屋での正午の日射角度（冬至 30°52′、春分・秋分 54°19′、夏至 77°46′）

採光と照明

　窓や戸など開口部が大きいため、日中は明るい陽射しが室内にまで達する。光は障子紙によって和らげられ、ガラスでは望めない効果を生み、室内は穏やかな雰囲気に包まれる。

　人工照明は、今日では電灯が広く普及しているが、以前はロウソクや灯油を用いていた。障子紙やすりガラス製の簡素なかたちの笠をつけた照明器具があり、光を室内に柔らかく拡散させる。

給排水

　日本の主要都市における上下水道の敷設状況は、人口比でみると、ヨーロッパよりもかなり遅れている。上水道の整備された地域に住む人口は、主要都市でさえ、わずか1／7である。そのほかの地域では、井戸水を使っているのが実状である。井戸は、庭の台所に近いところに掘られるのが一般的で、台所のなかに設けられることもあり、使用しないときには板で蓋をする。電気や手動のポンプで水を汲み上げるが、井戸が庭にあるときには、水桶で家のなかに運び込む。

　下水や汚水処理の水路網は、限られた都市の一部の地区でしか実現していない。排水網が整備されていないので、下水は蓋のないセメント製の共同溝に流される。そして、屎尿は郊外へ運び出されるのである。

171 庭に張り出した縁側

172 桂離宮の踏石

VIII. 庭園

　住宅に庭が必要なことは、日本に限ったことではない。しかし、日本の住宅と庭との結びつきはとくに強く、人々の生活に家がなくてはならないように、庭のない家というものを考えることはできない。

　庭と住宅が密接な関係をもつようになったのは、日本の住宅が自然を受け入れながら発展してきた過程のなかに見出すことができる。日本の建築家(工匠)は古くから、自然の風景を住宅にあわせて変えていくのではなく、逆に住宅を風景のなかに溶け込ませるような設計をおこなってきた。縁側や大きく張り出した屋根、段石などにより、庭と住宅のあいだの境界を消失させていったのである。

　また、日本の庭は幾何学式庭園ではなく、風景式庭園である。しかし、イギリスのように、自然を模倣してつくる風景式庭園ではない。自然の模倣は、日本においても出発点となるが、自然はより主観的に解釈され、変化が加えられていく。日本の庭園の特徴をもっともよく示すのに、表現主義的[*25]という言葉を用いることができるかもしれない。

　日本の庭園の発展過程は、住宅の歴史に追随している。この流れを概観することで、さらに深い理解を得ることができるだろう。

　552年に中国から仏教が日本へ伝来し[*26]、庭園にも重要な影響をもたらした。その後、1000年ごろから、寝殿造の成立とともに最初の庭園の様式、寝殿造庭園が生まれた。寝殿造の時代には、上流層の住宅の敷地面積は約13,000㎡におよび、その大部分が庭として計画された。寝殿の南側に人工池を設け、その中央に島がつくられる。島の両岸に架けられたふたつの橋を渡り、池の南側の築山(つきやま)に行くことができる。池の水は寝殿の床下をとおって北側から池に流れ込む【図13、15、16】。

[*25]. 表現主義的(expressionistisch)という言葉はやや唐突だが、表現主義の建築家といわれ、原著者と交遊の深かったブルーノ・タウトからの示唆などがあったのかもしれない。作者の内面を表出するという意味のほかに、物事に有機的な連関があることを示すニュアンスもあり、風景式庭園の構成を形容するのに用いたと推察される。
[*26]. 仏教伝来の年についてはp.11の注6を参照。

173 竜安寺の石庭（京都、『座右寳』より）

　当時の庭園にはさまざまな植物が植えられ、色とりどりの花を咲かせていた。そのため、常緑樹が一面に生い茂る現在の庭園よりもずっと色鮮やかなものだったにちがいない。こうした庭園は、最上流層の人々が享楽に満ちた生活を送るために必要とされたのである。

　1200年ごろに日本は、南宋から禅宗を受け入れた。禅宗の影響に加えて内戦があいつぎ、それまでの華美流麗さに代わって、単純性や簡素さという嗜好が生まれていった。色鮮やかな草花や、花を咲かせる植物はあまり顧みられなくなる。そして、質朴で静穏な、落ち着いた雰囲気をつくり出すために、岩や石をおもな材料として使うようになったのである。

　こうした展開のなかから、新しい形式が生まれた。庭園は芸術作品と考えれるようになり、哲学的、宗教的な意味づけがなされるようになったのである。全体の配置は、哲学的な理念にもとづいて決められ、象徴的な意味内容を伝える。また、僧侶や茶匠が庭園の設計に携わるようになったのもこの時代である。

京都の竜安寺の石庭は相阿弥の設計といわれるもので[*27]、この時代の特徴をよく示している【図173】。細かな白砂を330㎡の庭全体に敷きつめ、草花は一切ない。唯一の要素は15の岩で、これを美的、哲学的な意味合いに従って5つのブロックに分けて構成する。庭を囲む塀の背後には林が広がり、そのあいだから山が見えるが、これらが借景として庭園に取り込まれているのである。

　僧侶の夢窓国師(むそうこくし)は、相阿弥とともに、数々の庭園の設計で知られる。天竜寺、西芳寺(さいほうじ)、鹿苑寺(ろくおんじ)【図23】などの庭園は夢窓国師の手によるものである。16世紀の半ばに茶会は最盛期を迎え、庭の一部が茶室に付属するかたちになった。これが茶庭(ちゃにわ)といわれる形式である。

　茶庭は茶室の前庭であり、苔でおおわれ、垣根でふたつに分けられる。飛石といわれる踏石がさまざまなかたちで庭に配置され、茶室へ向かう小道を美的に演出する【図176、177】。石灯籠【図180、181】、手を洗い清めるための蹲(つくばい)【腰を下ろした

*27. 竜安寺の石庭の作者は不詳。年代も一般的には室町時代とされるが、江戸時代との説もある。

174 築山を設けた「草」の格式の庭園（作庭書『築山庭造伝』第2巻、1828年より）

姿勢で使用、図178】や手水鉢【立ったままの姿勢で使用、図179】が茶庭に必要な要素である。静穏な雰囲気をつくり出すために、樅や松などの常緑樹が植えられる。茶庭そのものにも興味は尽きないが、今日の庭園の原型という意味でも非常に重要である。

　また、茶庭とは別に、広大な庭園も生まれた。庭園は室内から観賞する芸術作品として考えられてきたが、人が回遊しながら楽しむ庭園もつくられるようになった。この形式の典型が京都の桂離宮【図182～188】で、庭園も建物と同じく、小堀遠州の設計といわれている[*28]。

　17世紀初頭に、創造的な発展の時代から形式化の時代への転換があり、以降19世紀末までこの状態がつづいた。この形式化の時代に、庭園を芸術とみなす考えが人々に浸透していったのである。

　今日でも雛型とされる庭園はこの時代につくられ、丘状の庭である築山と、

---

*28. p.17の注12を参照。

175 「草」の格式の平庭（同左）

平らな庭の平庭というふたつの型が生まれた。このふたつの型は、さらに真、行、草という3つの形式に分けられる【図174、175】。

　真の庭は、自然をできるだけ正確に写しとろうとするもので、厳格な印象を与える。草の庭は、自然を簡略化して再現したもので、その趣は真よりも軽快で親しみやすい。そして行の庭は、その性格において、真と草の中間とみなすことができる。これらの庭園はしだいに形式化されていき、規模や構成要素、たとえば岩山や樹木、石灯籠、蹲や手水鉢などの数量、配置、組み合わせの規範が詳細に決められていったのである。なお、建築で木割が確立したのもこの時代だった。

　日本が西洋文明を受け入れてからは、庭園についても、ヨーロッパからの直接的、間接的な影響が及んでいる。芝生と花壇が導入され、日本の庭園と融合して新しいタイプの庭園をつくり出した。

　以上みてきたように、日本の庭園はその発展プロセスにおいて、中国やヨーロッパなど、外国からの強い影響を受けている。しかし、住宅建築の場合と同じ

176　仁和寺の茶亭と茶庭（京都、1700年ごろ、『聚楽』より）

く、こうした影響にはつねに変容が加えられ、日本の風土や国民性に適合するようにして受け入れられていったのである。こう考えると、日本の庭園の発展プロセスはむしろ直線的で、その根本にある考えは1500年にわたり変わっていないことがわかる。

　また、哲学的な理念が日本の庭園に基盤を与えていることも特徴的である。庭園は簡素で、静穏な生活の表現である。あくまでも観賞用で、実用的な機能をもつことは少ない。しかし、ヨーロッパからの影響を受けたあとの新しい生活様式に、十分に適合できているとはもはやいえないのである。生活は以前よりも活発なものに変わり、流動的なものになってきている。伝統的な価値と新しい生活を統合し昇華するという、住宅建築と同様の困難な課題が、庭園についても生まれてきているのである。

177 腰掛待合：表千家の茶庭（京都、『聚楽』より）
178 蹲：裏千家の茶庭（京都、16世紀ごろ、同上）

179 手水鉢：仙洞御所〈醒花亭〉（京都、『京都御所離宮図集』より）

180　石灯籠 [I]：修学院離宮庭園内（同左）
181　石灯籠 [II]：同上

182　桂離宮の庭園：奥に〈松琴亭〉がみえる（京都、『京都御所離宮図集』より）

VIII. 庭園

183　桂離宮の庭園：〈松琴亭〉からの眺望
184　桂離宮の庭園

185　桂離宮庭園内の石橋(『京都御所離宮図集』より)

186 〈笑意軒〉からみた桂離宮の庭園（同左）

187　藁葺き屋根の門と竹垣（桂離宮）
188　桂離宮〈賞花亭〉

189 修学院離宮庭園（京都、1653年）
190 同上

191 醍醐寺三宝院〈松月亭〉と庭園(京都、『京都美術大観』より)

VIII. 庭園

192 光雲寺の庭園（京都、19世紀末、同左）

193 住宅の庭［1］：縁側の隅部と庭（東京、1928年）

VIII. 庭園

194 住宅の庭 [II]：縁側の前の手水鉢（東京）
195 住宅の庭 [III]：竹製の水管を載せた手水鉢。周囲に小竹と砥草が植えられている（東京）

IX. 都市計画と住宅問題

　最後に、都市計画と住宅問題について簡単に触れたい。都市部への人口集中はどの国にもみられる現象であり、日本でもこの傾向が顕著になってきている。とくに、経済成長が著しく、多くの産業が生まれた第一次大戦後に、都市への人口流入が急速に増加した。

　都市への人口集中は住宅不足を招いた。現在、都市とその近郊では、全体計画もないままに、狭い道に面して、住宅がつぎつぎと密集して建てられている。前面道路は曲がりくねり、雑踏であふれかえっている。建設技術は劣悪で、建設費や家賃は極端に高い。

　そこで、都市を計画的に開発していくために、1919年に都市計画法と市街地建築物法が制定された。住宅不足の解消を目的に政府は補助金を拠出し、住宅組合法が成立し、市や自治体が公営住宅を建設するようになった。

　今日では、公共の法人団体や私設の協会が、多くの集合住宅を都市とその近郊に建設している。戸建住宅やテラスハウスが計画され、月賦払いで購入できる建売住宅などの需要が高くなっている。

　道路計画は、敷地周辺の状況に応じて変わるが、実際には網目模様のような、格子状の道路がもっとも有効である。敷地を効率的に配分し、すべての家を南面させるのに適しているからである。

　建物は敷地の北側に配置され、南側を庭として用いる。1.8mほどの高さの板塀や竹垣、整形に刈り込まれた常緑樹の生垣、石塀などが庭を取り囲む。この垣根や塀は、住宅の外壁の役割を担う。生垣の隙間から見える建物は簡素な形態で、色調が穏やかなため、街並みも全体として統一感のある、落ち着いた印象がつくり出されている。

　中流層のための集合住宅の事例として、東京の荻窪に建設された、分譲形式の近代的な集合住宅を例として挙げたい。財団法人・同潤会が計画し、都心から電車で1時間ほどの距離にある。約6,000坪 (2ha) の土地が100〜150坪 (330〜500㎡) の区画に分割され、計34戸の住宅が建設された。そのうち31戸が平屋、3

IX. 都市計画と住宅問題

196 街道沿いの集落風景（島根県）

戸が2階建てである【図197、198】。各戸の詳細は以下の図表に示したとおりである。契約時に250～350円を支払い、購入費用の残金は月25～40円の月賦払いで、15年を上限として返済する。このように、分割払いにすることで、住宅の入手が容易になったのである。

住居形式	部屋数	部屋のうちわけ(畳)	畳の総数	床面積 (坪)	床面積 (m^2)	戸数
A	6	8, 6, 6, 3, 8*, 4.5*	35.5	35.000	115.703	3
B	5	8**, 8, 8, 6, 4.5	34.5	33.625	111.157	2
C	5	8, 8, 6, 6, 3	31.0	30.975	102.396	3
D	4	8, 6, 6, 3	23.0	26.666	88.152	1
E	4	8, 6, 6, 4.5	24.5	26.416	86.107	2
F	4	8, 6, 6, 4.5	24.5	25.750	85.133	2
G	4	8, 6, 6, 3	23.0	24.937	82.436	1
H	4	8, 6, 6, 3	23.0	24.750	81.818	7
I	4	8, 6, 6, 3	23.0	23.750	78.512	5
J	4	8, 6, 4.5, 3	21.5	23.750	78.512	3
K	3	6, 6, 4.5	16.5	20.250	66.493	2
L	3	6, 6, 4.5	16.5	19.475	64.382	3
						34

* 2階の部屋　　** 洋間

給与所得者の住宅事情を知るためには、東京市が1931年に実施した調査の結果が参考になるので以下に示す。

1. 居住形式による分類

	合計	上流層	中流層	庶民層
合計	27,815	312	3,689	23,814
持家	3,624	152	957	2,515
賃貸	18,579	144	2,325	16,110
転貸	3,548	3	255	3,290
公営	2,064	13	152	1,899

平均月収　上流層　280円
　　　　　中流層　130円
　　　　　庶民層　 87円

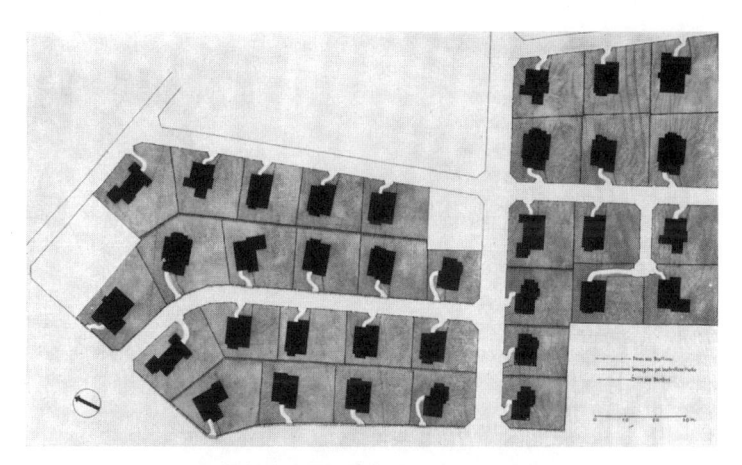

197　戸建のジードルンク（住宅地）：配置図（東京・荻窪、1932年、図198を参照）

2. 部屋数、畳数、家賃（月額）による分類

	平均	上流層	中流層	庶民層
部屋数	2.83	5.96	3.58	2.67
畳数	13.22	31.44	17.73	12.25
戸建の家賃（円）	18.26	39.97	23.06	17.37
アパートの家賃（円）	11.92	17.50	12.43	11.88
借地料（円）	11.56	17.68	12.23	10.85

198 戸建のジードルンク：街路の景観（東京・荻窪、1932年、図197を参照）
199 ジードルンクの鳥瞰風景（東京・駒沢）

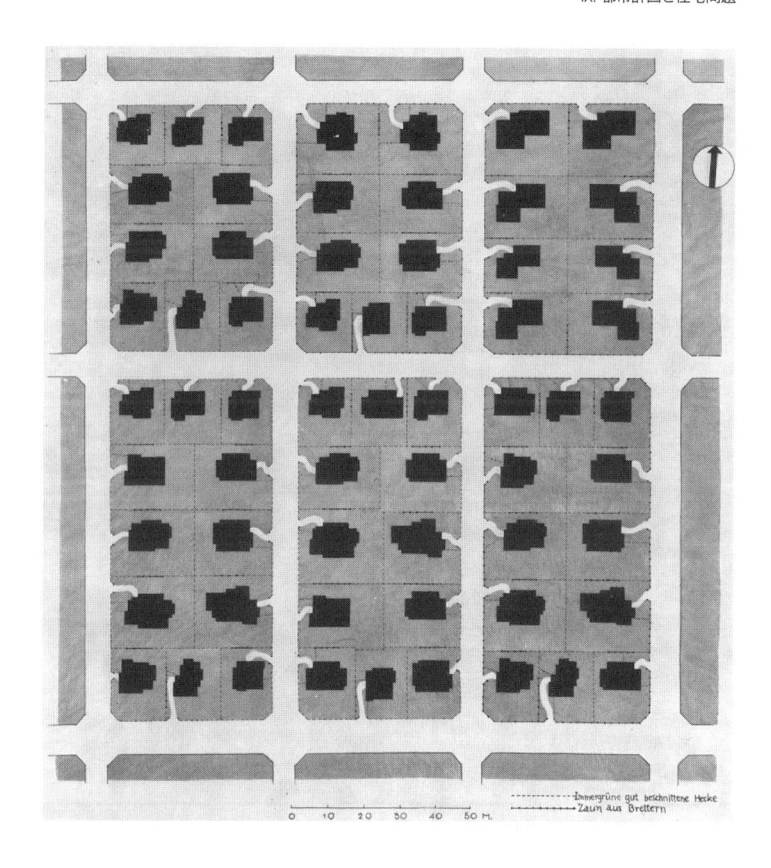

200 戸建のジードルンク：配置図（東京・赤羽、1929年）

201 住宅地の街路の景観（東京）

202 住宅地の街路の景観：竹製の垣根（鎌倉）

203 竹を編んでつくられた垣根

また、工場労働者の住宅事情を知るには、1932年に同潤会が実施した「素人設計懸賞募集」[*29]が役に立つ。同潤会は、工場労働者を対象とした、月賦払いの分譲集合住宅の建設を計画した。そして、その計画内容をできるだけ実状に即したものにするために、東京と近郊の工場労働者に設計案を求め、同時に応募者を対象として生活状況に関する調査をおこなったのである。その結果、1,097人から1,151件の提案があり、そのうちの950人が借家に居住していることがわかった。

この懸賞募集の条件は、床面積が15坪（49.6㎡）以内というもので、結果を以下の表に示す。

1. 月収（縦軸）にみる応募者の分類（横軸）

棒グラフ：
黒塗りは応募者自身の月収（平均69.52円）、
白抜きはその世帯総収入（平均78.32円）

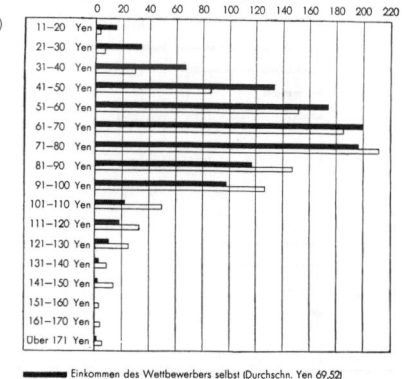

■ Einkommen des Wettbewerbers selbst (Durchschn. Yen 69,52)
□ Einkommen der ganzen Familie des Wettbewerbers (Durchschn. Yen 78,38)

2. 応募者の住宅の分類

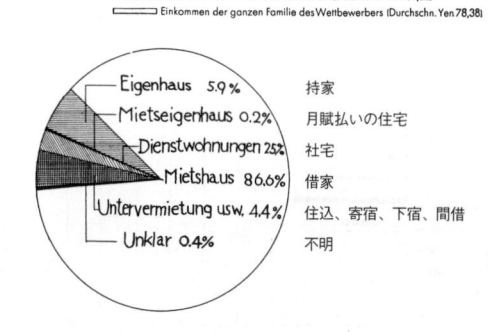

Eigenhaus　5.9%　　持家
Mietseigenhaus　0.2%　　月賦払いの住宅
Dienstwohnungen　2.5%　　社宅
Mietshaus　86.6%　　借家
Untervermietung usw.　4.4%　　住込、寄宿、下宿、間借
Unklar　0.4%　　不明

[*29.] 5間四方の敷地を想定した方眼紙に床面積15坪以内の間取り案を工場労働者から募っている（本書原文では床面積15〜25坪と表記）。審査員は内田祥三、笠原敏郎、山本拙郎などが務めた。

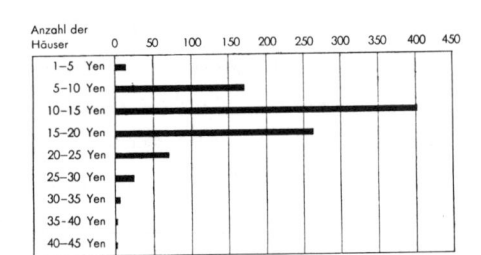

Anzahl der Häuser

1–5 Yen	
5–10 Yen	
10–15 Yen	
15–20 Yen	
20–25 Yen	
25–30 Yen	
30–35 Yen	
35–40 Yen	
40–45 Yen	

3. 応募者の現在の家賃（月額：縦軸）にみる戸数（横軸）

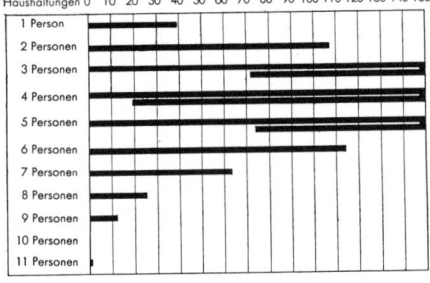

Anzahl der Haushaltungen

4. 応募者の家族数（縦軸）ごとの世帯数（横軸）

5. 設計案の階数による分類
1,151の回答のうち、1,034（89.9％）が平屋、117（10％）が2階建て

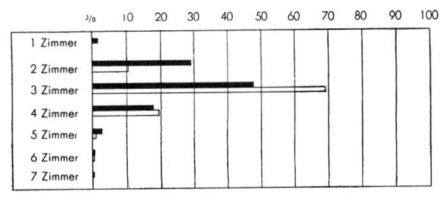

6. 設計案の部屋数（縦軸）による分類
棒グラフの黒塗りは借家に住む応募者の現況（回答数 950）、白抜きは設計案 1,151案の結果

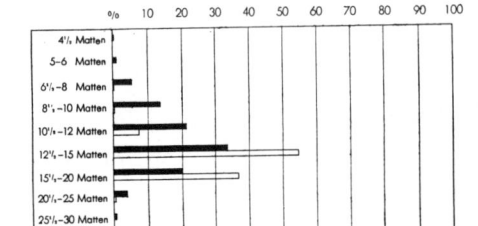

■ untersucht bei 950 Miethäusern der Wettbewerber
□ untersucht bei 1151 Wettbewerbsentwürfen

7. 設計案の畳数による床面積（縦軸）の分類
棒グラフの分類は上記6と同様

8. 設計案における床の間の有無
1,151の設計案のうち、床の間があるのが1,080（93.8％）、ないのが71（6.2％）。この結果は、労働者用住宅であっても床の間がいかに重要であるかを示していて興味深い。

■ untersucht bei 950 Miethäusern der Wettbewerber
□ untersucht bei 1151 Wettbewerbsentwürfen

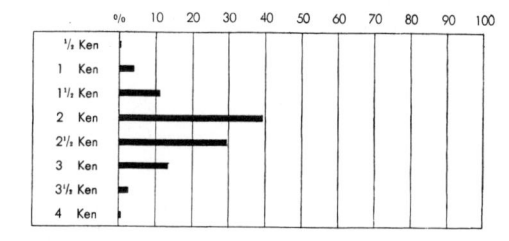

9. 設計案の押入の総数による分類（幅の全長を「間」で表記）

すでに述べたとおり、押入は日本の住宅にとって非常に重要な要素である。奥行きは3尺（90cm）が標準で、1戸当りの押入の総数を表示するために、押入の幅の全長を間で示す。設計案のなかでは2間がもっとも多く（39.1%）、ついで2.5間（29.4%）、3間（13.3%）となり、平均が2.23間となっていることがわかる。

大都市やその周縁部にはスラムが生まれ、日本全体で30万人がこうした地域で生活している。湿気に満ち、喧嘩が絶えず、煤煙が舞って陰鬱な雰囲気に包まれている。じとじとしていて、幅1mにも満たない狭い道に面して、平屋が軒を連ねるのである。粗悪な木材が使われ、屋根はタールを塗ったうえにブリキ板を載せただけである。東京市は1931年に3,638戸のスラム住宅について調査しているが、その際の統計によれば、1戸当たりの建築面積は4～4.5坪（13.2～14.9㎡）が多いが、平均は5.20坪（17.2㎡）である。大部分は4～4.5畳の一室住居で、平均は7.83畳である。また、家賃は6～7円が多いが、平均すると8.07円となり、家族数は3人世帯がもっとも多く、平均で4.03人という結果が出ている。

劣悪な環境の居住地域を改善する法律が1928年に施行されてから[*30]、自治体や法人によって4,000戸の住宅が新しく建設された。これらはほとんどが鉄筋コンクリート造の3階建て集合住宅で、1戸当たりの床面積は6～10坪（19.8～33.0㎡）である。

[*30]. 1927年公布の「不良住宅改良法」のことと思われる。

補遺

標準化と構法

これまで繰り返し述べてきたように、日本の住宅は部材の一つひとつが標準化されている。住宅建築の発展プロセスのなかで標準化が古くから実践されてきたため、建設に関する細かなルールが、専門家だけでなく一般の人たちにもよく知られるようになった。

また、伝統的に単一のシステムが確立しているために、住宅の建設は大工職人たちがおこなう。大工職人はひろく信頼を集めており、1枚の間取り図があれば家をつくり上げることができる。障子や襖をどの位置に据えつけるのか、あるいは肘掛窓をどこに設けるのか、使い勝手によってどのように材料を使い分けたらよいのか、こうした点について彼らの見識は驚くほど的確で、大工職人たちの確かな知識は工期の短縮に大きく貢献する。一方で、建築家が設計する住宅は上流層の施主の場合が多いが、この際は平面図、立面図、断面図、重要な部分の詳細図などで大工職人に指示しながら施工がおこなわれる。

前述の木割は、建築の伝統的な技術だが、厳守すべき規律というわけではない。たんなる寸法体系であり、周辺環境や木の性質、木目の種類、部屋の雰囲気などにあわせて各部位の寸法を変えることができる。

一軒の平均的な住宅の設計について、時間という観点で日本とヨーロッパを比べると、日本の建築家には十分な時間が与えられているとはいえない。建設費を削減するために、工期をできる限り短縮しなければならないのである。

標準寸法と木割にもとづく住宅各部の比例寸法は以下のとおりである。

I. 高さ方向の寸法：平屋の住宅【図132〜136を参照】

地盤面から土台の下端まで ……………………………… 0.3〜0.6尺＝9.1〜18.2cm
土台の下端から軒桁の上端まで ……………………………… 10.0〜13.0尺＝303.0〜393.9cm
土台の下端から座敷襖の敷居の天端まで ……………… 1.5〜2.2尺＝45.4〜66.6cm
敷居の天端から鴨居の下端まで（内法）……………… 5.7〜5.8尺＝172.7〜175.7cm
長押の天端から天井回り縁の下端まで（小壁の高さ） …… 部屋の畳の数×0.25〜0.3（尺）

鴨居、長押、天井回り縁などの断面寸法については表IIIにまとめた。

II. 構造用木材の断面寸法

A. 主屋（縁側をのぞく）

柱の一辺の幅をPとする。そのほかの部位の断面寸法は、このPの値を基準にして決定される。Pの値は、その部屋の畳の数に応じて決められている。

1. Pの値　　　4畳半　0.34尺＝10.3cm
　　　　　　　6畳　　0.36尺＝10.9cm
　　　　　　　8畳　　0.38尺＝11.5cm
　　　　　　 10畳　　0.40尺＝12.1cm
　　　　　　 12畳　　0.42尺＝12.7cm

2. そのほかの部位の断面寸法

名称		高さ	幅	備考
土台	基礎の上の横木	1.0〜1.1 P	1.0〜1.1 P	
足固め	床下の桁	1.0〜1.4 P	1.0〜1.1 P	
大引	床を受ける桁	0.9〜1.3 P	0.9〜1.1 P	
根太	床板を受ける梁	0.5 P	0.4〜0.5 P	
貫	桁	0.8〜1.0 P	0.13〜0.18 P	
軒桁	柱上部の敷桁	1.3〜1.5 P	1.0〜1.1 P	
小屋梁	小屋組の梁	1.0〜2.2 P	1.0〜2.2 P	断面寸法が一様ではない 湾曲した自然木を用いる
小屋束	小屋組の柱	0.9 P	0.9 P	
棟木	棟を受ける桁	0.9 P	0.9 P	
母屋	母屋桁	0.9 P	0.9 P	
隅木	隅棟を受ける梁	0.9 P	0.9 P	
野垂木	垂木	0.5 P	0.5 P	
広小舞	下側の平縁	0.35 P	1.0 P	
鼻隠	軒先板	0.25 P	1.0 P	
軒先裏板	軒裏の板	0.04尺 (1.2cm)	0.6〜0.8尺 (18.2〜24.2cm)	
屋根勾配（瓦葺き）				4.5:10〜5:10
庇の張り出し				1.5〜3.0尺 (45.4〜90.9cm)

B. 縁側

名称		高さ	幅	備考
沓石	柱の下の台石	1.14×0.9 P	1.14×0.9 P	高さ=1.0P 側面の傾き=2.5:10 自然石を用いる場合もある
縁束	縁下の柱	0.9 P	0.9 P	
縁框	縁側の桁	1.3 P	0.95 P	
根太	縁板を受ける梁	0.6 P	0.4〜0.5 P	
縁板	縁側の床板	0.18 P	0.8〜1.0 P	
縁桁	縁側の柱上部の敷桁	1.5〜2.2 P	1.2 P	
丸太縁桁	丸太材を用いた縁桁	1.2〜1.5 P Ø		
無目鴨居	溝のない鴨居	0.35〜0.45 P	0.9 P	
一筋鴨居	溝が1本だけの鴨居	0.45〜0.5 P	0.58 P	
垂木掛け	垂木を受ける縁側の梁	0.8 P	0.45 P	
化粧垂木	化粧屋根裏天井の垂木	0.4〜0.45 P	0.35〜0.4 P	
淀	上側の平縁	0.18 P	0.8〜0.9 P	
広小舞	下側の平縁	0.35 P	1.0 P	
木小舞	勾配天井に用いられる幅の細い押縁	0.18 P	0.25 P	間隔=0.5〜2.0P
野垂木	庇の垂木	0.5 P	0.5 P	
化粧裏板	勾配天井の軒裏に張られる板	0.02尺 (0.6cm)	0.5〜1.0尺 (15.1〜30.3cm)	
化粧屋根裏 天井の勾配	軒裏の天井勾配			2.8:10〜3.2:10
	屋根勾配(銅板あるいはトタン板葺きの場合)			4:10〜4.5:10
	庇の張り出し			2.5〜4.0尺 (75.7〜121.2cm)
板張りの外壁(AおよびB)				
雨押え	雨除けの板	0.2〜0.25 P	0.5〜0.6 P	
下見箙子	押縁	0.2〜0.25 P	0.3〜0.35 P	
下見板	板材	0.025尺 (0.7cm)	0.5〜1.0尺 (15.1〜30.3cm)	

補遺

III. 室内の各部位の断面寸法

名称		高さ	幅	備考
A. 一般				
敷居	引戸の下枠	0.2尺 (6.0cm)	1.0 P	
畳寄せ	壁と畳の間に挿入される幅の細い枠縁	0.2尺 (6.0cm)	0.3 P	
鴨居	引戸の上枠	0.35～0.45 P	0.85～0.9 P	
付鴨居	柱面よりわずかに突き出た飾り縁	0.35～0.45 P	0.3 P	
内法長押	飾り縁（楣の枠縁）	0.8～0.9 P	0.5 P	} 散り*=0.18 P
半長押	幅の細い飾り縁	0.5～0.7 P	0.5 P	
吊束	吊り下げられている束	0.8 P	0.8 P	
欄間敷居	小壁の開口部にはめ込まれる引戸の下枠	0.25～0.3 P	0.65～0.75 P	
欄間鴨居	小壁の開口部にはめ込まれる引戸の上枠	0.25～0.3 P	0.65～0.75 P	
天井長押	天井の飾り縁	0.6～0.7 P	0.5 P	散り=0.18 P
天井回り縁	天井の枠縁	0.45～0.5 P	0.5 P	散り=0.18 P
天井棹縁	天井板を受ける横木	0.25～0.3 P	0.25～0.3 P	間隔=1.5尺(45.4cm)
猿頬棹縁	側面が面取りされた棹縁	0.45～0.5 P	0.4～0.45 P	間隔=1.5尺(45.4cm)
天井格縁	格天井の棹縁	0.45～0.6 P	0.45～0.55 P	
天井板	天井に張られる板材（羽目板）	0.025尺 (0.7cm)	4畳半～6畳の場合：1.0尺(30.3cm) 8畳の場合：1.2尺(36.4cm) 10畳の場合：1.5尺(45.4cm)	
B. 床の間（床）				
床柱	床の間の柱	1.1 P	1.1 P	丸床柱の下部2.5～3Pの長さを垂直に切り落とした部分を筍面（たけのこめん）という
丸床柱	丸状の床柱	1.0 P Ø		
落し掛け	床の間上部の横桁	0.45～0.5 P	0.7～0.8 P	
床框	床の前端の横材	0.9～1.0 P	0.85 P	
天井回り縁	天井の枠縁	0.3 P	0.25 P	
天井棹縁	天井板を受ける横木	0.2 P	0.18 P	
C. 棚（床脇）				
地袋板	地袋の前の床板	0.25～0.3 P	床脇の奥行き＝床柱の内端より2P	地袋の高さ＝1.2尺(36.3cm)
違棚板	違棚の棚板	0.2～0.25 P	床脇の奥行き＝床柱の内端より3P	
袋棚板	袋棚の棚板	0.25～0.3 P	床脇の奥行き＝床柱より2.5P	天袋の高さ＝0.9尺(27.3cm)
棚束	違棚板の支柱	1.5×0.2～0.25P	1.5×0.2～0.25P	
筆返し	違棚板の端の飾り縁	0.2～0.25 P	2.5×(1.5×0.2～0.25P)	高さ＝0.8～0.9P
D. 書院				
書院柱	書院の柱	0.7～0.8 P	0.7～0.8 P	
地覆	床近くの横木（足元の飾り縁）	0.26～0.32 P	0.85～0.9P	
地板	窓台の板	0.3～0.35 P	1.0～1.8 P (30.3～55cm)	畳の縁から窓台までの距離＝内法×1/5
中鴨居	窓の溝付きの横枠	0.35～0.45 P	0.85～0.9 P	畳の縁から中鴨居までの距離＝内法×4/5
鴨居	枠木の上側のもの	0.35～0.45 P	0.85～0.9 P	
腰長押	腰の高さの位置にある飾り縁	0.9×(0.7～0.8 P)	0.9×(0.7～0.8P)	
台輪	背の高さの位置にある飾り縁	0.5×(0.7～0.8 P)	1.15×(0.7～0.8P)	

*散(ち)り：vorsprung gegenüber dem Pfosten＝柱からの張り出し
ここでは真壁における柱外面と壁表面のずれ、つまり壁から柱が突き出た距離を指している。

IV. 戸および窓の各部位の断面寸法　　戸および窓の幅、高さについては第VI章を参照

戸の形式／部位	高さ	奥行き
A. 障子　透光性の紙を貼った戸、窓		
竪框 ………… 両端の枠木	0.09～0.10尺（2.7～3.0cm）	0.10尺（3.0cm）
上桟 ………… 上部の枠木	0.15尺（4.5cm）	0.06～0.095尺（1.8～2.8cm）
下桟 ………… 最下の枠木	0.12～0.14尺（3.6～4.2cm）	0.095尺（2.8cm）
中桟 ………… 中間にある水平方向の枠木	0.08～0.10尺（2.4～3.0cm）	0.095尺（2.8cm）
組子 ………… 格子状の細木	0.025～0.03尺（0.6～0.9cm）	0.05～0.055尺（1.5～1.6cm）
B. 襖　両面に壁紙のような厚紙を貼った戸		
竪框 ………… 両端の枠木	0.06～0.08尺（1.8～2.4cm）	0.06～0.10尺（1.8～3.0cm）
上桟 ………… 上部の枠木	0.08～0.10尺（2.4～3.0cm）	0.06～0.10尺（1.8～3.0cm）
下桟 ………… 最下の枠木	0.08～0.10尺（2.4～3.0cm）	0.06～0.10尺（1.8～3.0cm）
内部の木組み … 枠木	0.05～0.07尺（1.5～2.1cm）	0.055尺（1.6cm）
…細い押縁	0.03～0.04尺（0.9～1.2cm）	0.055尺（1.6cm）
…幅広の押縁	0.06～0.08尺（1.8～2.4cm）	0.055尺（1.6cm）
C. 雨戸　板戸		
竪框 ………… 両端の枠木	0.11～0.12尺（3.3～3.6cm）	0.10～0.11尺（3.0～3.3cm）
上桟 ………… 上部の枠木	0.14～0.18尺（4.2～5.4cm）	0.095～0.105尺（2.8～3.1cm）
下桟 ………… 最下の枠木	0.14～0.16尺（4.2～4.8cm）	0.095～0.105尺（2.8～3.1cm）
中桟 ………… 中間にある水平方向の枠木	0.09～0.11尺（2.7～3.3cm）	0.07～0.08尺（2.1～2.4cm）
D. 格子戸　格子状に細木を組んだ戸		
竪框 ………… 両端の枠木	0.12尺（3.6cm）	0.10～0.11尺（3.0～3.3cm）
上桟 ………… 上部の枠木	0.18尺（5.4cm）	0.095～0.105尺（2.8～3.1cm）
下桟 ………… 最下の枠木	0.16尺（4.8cm）	0.095～0.105尺（2.8～3.1cm）
竪子 ………… 縦の組子	0.06尺（1.8cm）	0.08尺（2.4cm）
貫 …………… 横の組子	0.054尺（1.6cm）	0.02～0.025尺（0.6～0.7cm）
E. 舞良戸　横桟を打ちつけた板戸		
竪框 ………… 両端の枠木	0.12～0.15尺（3.6～4.5cm）	0.10～0.11尺（3.0～3.3cm）
上桟 ………… 上部の枠木	0.16～0.17尺（4.8～5.1cm）	0.10～0.11尺（3.0～3.3cm）
下桟 ………… 最下の枠木	0.16～0.17尺（4.8～5.1cm）	0.10～0.11尺（3.0～3.3cm）
中舞良 ……… 中間にある水平方向の枠木	0.06～0.12尺（1.8～3.6cm）	0.06～0.09尺（1.8～2.7cm）
F. 木連れ格子戸　縦桟と横桟を打ちつけた板戸		
竪框 ………… 両端の枠木	0.10～0.12尺（3.0～3.6cm）	0.10尺（3.0cm）
上桟 ………… 上部の枠木	0.16尺（4.8cm）	0.095尺（2.8cm）
下桟 ………… 最下の枠木	0.16尺（4.8cm）	0.095尺（2.8cm）
中格子 ……… 縦桟	0.05～0.06尺（1.5～1.8cm）	0.05～0.06尺（1.5～1.8cm）
貫 …………… 横桟	0.045尺（1.4cm）	0.02～0.025尺（0.6～0.7cm）
G. 鏡戸　桟のない板戸		
竪框 ………… 両端の枠木	0.16～0.25尺（4.8～7.5cm）	0.11尺（3.3cm）
上桟 ………… 上部の枠木	0.16～0.25尺（4.8～7.5cm）	0.11尺（3.3cm）
下桟 ………… 最下の枠木	0.16～0.25尺（4.8～7.5cm）	0.11尺（3.3cm）

著作にみる建築家・吉田鉄郎

近江 榮

　現代の建築家に対する建築史の役割について、アメリカの建築史家であるJ. バニスターは、次のように述べている。「歴史の重点は、基本的な技術を漸進的に円熟させることにあり、建築家の実験室である。歴史は建築家に教養の深さを広め、参考の領域を提供し、建築家を偉大な仕事にむすびつける」(傍点近江)

　建築家・吉田鉄郎の著作と作品における見事な一体化は、まさに、このバニスターの言葉を裏づけているもので、吉田は当時の建築家のなかでは、堀口捨己とならんで、日本建築史に対する造詣の深さにおいて双璧といわれ、趣味教養の領域を超えた本格派ともいうべき学識があった。

　吉田の友人で、B. タウトの弟子H. H. ヴェヒターが「彼(吉田)は、新しい観点から重要な伝統的価値をみたり、またそれを十二分に理解することは、創造的な行為であり、その価値は無意味な模倣に陥ることなく、新しい創造的作品への推進力を与えるのに役立っていることを、確信していたに相違ない」と追悼文の中で述べているのは、まさに吉田の独文による三部作、『Das Japanische Wohnhaus／日本の住宅』(1935)、『Japanische Architektur／日本の建築』(1952)、『Der Japanische Garten／日本の庭園』(1957)(いずれもエルンスト・ヴァスムート社)の著作における態度の本質を、きわめて的確に示すものである。

　この三部作のうちで『日本の建築』は1953年、日本建築学会より学会賞を受けた、きわめて個性的な日本建築芸術史なのである。この著書については、吉田自身による内容の抄録を再録することにしたい。(たとえ筆者が文献解題を試みたとしても、いかんせん恩師である吉田が入念にまとめあげた文章を所詮超えられるはずもないからである。)

> 拙著『日本の建築』について
>
> 　本書で筆者は一建築師の立場から、外国の建築家併びに建築に関心をもつ教養階級の外国人に日本の建築を紹介し、できれば日本文化の一端にも触れてみたいと思った。
> 　従って専門的に余り固くせず、文化史を背景にしながら自由に批判も加えて面白く書いてみたいと思った。勿論そう思ったところで、学識の

ない、語学の素養に乏しい筆者などに、そう注文通りにいく筈もないが……。

　まず建築と環境との関係を強調し、建築を環境から切離さずに常に環境も関連して扱うことにした。次に日本建築の中心は日常生活のための建築、つまり住宅であって、仏寺建築の場合でも優れたものにはやはり住宅的な色彩が濃いというところから、この色彩を主題として書物を単一的に纏めたいと思った。

　挿絵にはわれわれの眼でみてほんとうに美しいと思うものを選び、たとえ建築史的に有名でも、現代建築の発展に貢献しないとか、有害だとかいうようなものはすべて省いた。「外国人向き」などという妥協的な考えをもたなかったことは勿論である。

　序言でこんなようなことを述べ、本文を1. 概説、2. 史的概観、3. 原始住居、4. 神社、5. 仏寺、6. 帝都と皇居、7. 城と城下町、8. 公卿住宅と武家住宅、9. 茶室と茶庭、10. 農家　に分ち、それに結語をつけた。劇場等の章も一応考えてはみたが、調子が違うので止めた。

　概説では、まず日本建築の二重性を指摘し、ヨーロッパの木造建築と対比しながら日本建築の特性を、日本の風土、民族性を基礎に多方面から視察した。史的概観の章では、原始時代、古代（飛鳥、奈良、平安）、中世（鎌倉、室町）、近世（桃山、江戸）、現代の四時代に大別し、ヨーロッパの歴史と連絡をとりながら日本の文化、建築の時代的特性を明らかにした。特に桃山、江戸の両時代は従来とはやや違った角度から眺めた。なお本章では従来の時代名もあげたが、他章では何世紀とのみ記した。

『日本の住宅』第2版、1954　『日本の建築』1952　『日本の庭園』1957

神社の章では建築と環境との関係を特に強調したいと思い、絵巻物の手法などを取入れ多少工夫して作った配置図を添えた。日本建築、特に神社では建築様式、細部などよりもその環境と配置の問題がいかに重大な意義をもつかということ、神社のこういういかにも自然的な在り方が今日の記念建築に何かすばらしい暗示を与えるものではないかということを力説した。日光廟の建築そのものよりも却って日光街道を重視したのもこういう意味からであった。

　以上の見解から神社様式の変遷などに余り興味をもたなかったのは当然で、寧ろ神道、神社の文化史的な説明に力をいれた。仏寺の章では、法隆寺には大陸的色彩が少なくないとか、法華堂、特にその背面は仏寺建築の代表作であるとか、夢殿よりも栄山寺の八角堂がいいとか、鳳凰堂はどちらかといえば工芸的建築である上に、大衆的で薫りの高さがないとか、勝手な批判を加え、円覚寺の舎利殿その他唐様系統のものには、その繁雑さの故に共鳴せず、また唐様とか天竺様とか和様とかいう様式上の詮索にも余り興味をもたなかった。

　帝都と皇居の章では、建築の背景として都市を相当丁寧に扱った。城と城下町の章では、ヨーロッパの城と比較しながら城の構造を説明した。天守閣その他城の建築は防火建築の発達という点からは興味深いが、美的には余りいいものではなく、城の価値は寧ろ城全体の人工的自然美にあるという見解から、例えば天守閣をもたない旧江戸城、つまり今の皇居を取上げ、土堤、石垣、濠などを含む一体の地を現代都市の中心地として世界無比のものだろうと述べた。公卿住宅と武家住宅の章では桃山式の豪華な書院造りをヨーロッパのロココ、バロックに比べ、徳川幕府の建築制限令によって住宅が却って健康になったという風にみた。飛雲閣は傾向の全く違う諸要素の慾ばった寄集めでその効果は騒々しいと評した。

　茶室と茶庭の章では、余りひねくらない素直な例をあげ、伝説なども織りまぜて茶の美学を分りやすく説明したいと思った。(『建築雑誌』1953年6月号、傍点近江)

　このように現代建築家として、独自の観点から日本建築の歴史的代表作品のほとんどすべてにわたって、再評価を試みている。
　その内容を追ってみると、おそらく日本建築史の一般的概説書などでは、その写真は勿論、建物の名前すら無視されがちな、奈良の十輪院についてもふれ、

193

> 装飾過剰の傾向に陥っていた当時の禅宗寺院建築の中では、例外的に小さいながらも、すっきりした作品（同上）

として見落さないほどに行き届いている。

しかし一方では、万福寺、当麻寺、鶴林寺などは、巻末のインデックスにその名前さえも見当らず、また歴史家が禅宗建築の貴重な遺構として詳しく述べるはずの円覚寺舎利殿については写真を省略している。また歴史家からは様式的に未完成で粗放とさえ評されている大仏様式（天竺様）の東大寺南大門については、その構造の明快さから生まれる表現を高く評価するといったように、現代建築家としてきわめて率直な態度によって一貫している。

さらに建築家の著作らしい特徴をあげれば、独得の配置図がある。自らペンを執り植樹や波の点景などを絵巻物に似せて克明に描いた、伊勢神宮や厳島神社および平安京の配置図などは、きわめて興味深い表現となっている。

だが、地形を形よく整えている形跡がみられるものもある。形よく整えるために手を入れた最大の改変は、東大寺の復原図において、金堂の屋根を入母屋づくりに描いていることであろう。これは関野貞、天沼俊一による東大寺研究を否定することにもなり、この本の出版当時は、建築史家の間でひそかに話題となった。太田博太郎による書評は、前記の諸点には触れず、違った角度から「……啓蒙書にありがちな誤りは割合に少ないが……参考にした歴史書の誤った従来の説を踏襲している」と歴史家らしく2～3ヵ所を指摘しているが、結論として、芸術的考察からは不問にされてもよいと記されている。

堀口捨己の言にしたがえば「吉田さんが形のうえから見て感じがよいからと現状の東大寺金堂の寄棟屋根を入母屋づくりに改変したことについては、最近の古文書の研究によると、史実としてもどうやら入母屋であったらしい」とのことなので、今さらのごとく吉田の建築家としての芸術的霊感のようなものをさえ感ぜざるを得ないのである。

とかく同工異曲の文献が多いなかで、異色の日本建築文化史と言えそうである。この著書のむすびで吉田は日本建築の特色について次のように述べている。

結語

日本建築史について概観すると、きわめて偉大な伝統への推服（Hochschätzung）がみられるが、とくに同時代の外国文化の要素を積極

的に吸収するとき顕著にあらわれている。

　一方、伊勢神宮は、現在まで昔の姿を保持してきたのだが、それにも拘らず繰返し新しく建て替えられている。そして伊勢の建築の精神は、今日もなおあらゆる日本建築の源を形成している。また一方、仏教建築が中国から我が国へ輸入されたが自国の神道建築を排除することなく、新しい神社建築の発展にとって、むしろ母体を提供したのである。

　仏教建築は次第に日本化し、そして仏教建築と神社建築と併行して行なわれた。これらの建築の伝統と外国から入ったものとの二元的共存は、単に過ぎ去った時代の現象のみでなく、現在においても西欧の建築様式を理解するのに役立っている。

　日本建築の強い特徴は、建築と自然との結びつきにある。建築は自然と適合する。つまり調和のとれた庭園と溶合するのである。

　自然は、場合によっては建築そのものより重要な役割を果す。たとえば神社と境内とに於ける関係であり、おそらくこのような考え方は記念建造物の様式に新しい発展をもたらすものである。

　日本建築は鋳型にはめこまれることのない、木構造で、簡素な飾り気ない清らかさをもっている。構造材が素直にあらわれていてそれが同時に美的形成に役立って効果が表れている。

　装飾的要素は色調と同様微々たるもので、材料の肌ざわりに十分な効果があり、建築の外部と同様に内部にも簡素と純粋さがみられる。

　故人であるドイツの建築家B. タウトは、人類文化の為に〈純粋〉さは独得な日本人の貢献であり、その性質において他の国民の芸術では決して達せられるものでないといった。日常生活における美的表現は、日本文化の巾広い特色である。建築の殆んどは日常的性格を持ち、はなやかさはなく、住宅建築は日本建築の本流をなし、比較的あきらかに日本の様式を反映しているのである。

　とくに住宅の合理性と機能性についてはゆるぎないもので、左右対称などのように単純な形式に拘泥するものではない。

　また、規格統一性については、すでに確実な歩みを示して、施工過程の単純化と加速の目的を達しており、制限された形式内で、控え目にその個性を価値に迄もたらすためには、日本人がその形式に従うことを理解することは又重要なことである。

　凡庸な建築家の私にも、その形式内の本質に従って、あの落着いた控え目な、そして論理的な美しさを表わすことができる。

> これら日本建築の特色は恐らく日本人に新しい建築を示すだけでなく、外国人にも又、道を示すであろう。(『日本の建築』)

　この著書によって吉田は日本建築の芸術的特質を正しく解明し、一方では作品においても一貫した思想に裏づけられた秀作を生みだすことによって、丹下健三の〈香川県庁舎〉への道を拓いたといってよいのであろう。

> 　ひとをびっくりさせるような建築もおもしろいかもしれない。しかしそんなものは、ほんとうの天才でなければできるわけのものでもないし、またそんなものは、そうたくさんある必要もあるまい。
> 　柄でもないのにうっかりそんなまねをして失敗すると多くの人々に迷惑をかけずにすむまい。「みていやでない」建築をつくることも大切なことだ、心掛けと精進次第では、だれにもできそうな気がする。
> 　たしか徒然草であったとおもう。弓を射るには何本の矢をもっていても、その一本の矢を「最後の矢」だとおもって射れというようなことが書いてあった。
> 　この心掛けはそのまま、建築のデザインの場合にも通用するのではあるまいか。こんなものは、いくらもでてくるであろうから、などといって、かりそめにもお粗末にとりあつかうようなことがあってはならない。
> 　なにかやる機会があったら、それを「最後の矢」だと思ってやりたいものだ。念には念を入れて……

　これは1950年6月、吉田が日本建築学会誌『建築雑誌』に寄せた味わい深い随筆「くずかご」から引用したものだが、この内容のように常に落着いた、控え目なデザインへの傾向は、北陸の風土を愛した性格からも、吉田を必然的にドイツおよび北欧の建築に近づけたらしく、とくにS. E. ラスムッセンの著作である『Nordische Baukunst／北欧の建築』(邦訳：吉田鉄郎訳、鹿島出版会、1978)とA. ベーネの『Der Moderne Zweckbau／現代の目的建築』などには強く惹かれ、建築思想的にも深く影響されているように思われる。

　吉田は、これより前の1931年夏から1年にわたって渡欧しており、ベルリンを根拠としてスカンジナビア諸国を訪ねたときの印象を克明に日記として綴っていた。この日記を中心にして、ストックホルム市庁舎や建築家R. エストベリの紹介などを加え、スウェーデンの建築家や作品を通して自己の建築観をまとめた著書『スウェーデンの建築家』(彰国社、1957)がある。これは吉田の日本語

による数少ない著作で、『日本の庭園』とほとんど同じころ、病床での口述をもとに完成した、きわめて貴重な労作であり、絶筆となったものである。

1949年の5月ごろから発病した吉田の脳腫瘍は、翌年6月と10月、2回にわたる手術も成功せず、1955年ごろはすでに癌症状と診断され、やがて手や足の運動神経をおかされ、ペンを執ることはもちろん、病床に坐居することさえも不能となり、仰臥(ぎょうが)の姿勢のままであった。

口述の発音もしばしば明瞭を欠きがちとなり、テープレコーダーを併用しながら、重なる苦痛に耐え抜き、超人的な精神力によって、ついにこの大部2冊の著作を完成にまでこぎつけたのであった。

私事にふれて恐縮だが、独文『日本の庭園』の口述をはじめた当初のころ、筆者が呼ばれた。あらかじめ用意しておいたテープレコーダーを運び込んで、万全を期したつもりでいたが、草稿もなしに、いきなりはじめられたのにはまったく驚嘆し、唖然ともしたことを覚えている。しかし3〜4日後の筆者の清書には誤記が多く、力不足を認識されてか任を解かれ、その後は逓信省の森俶朗にうけつがれたのだった。この原稿は亡くなる年の夏までかけてようやく脱稿し、ヴァスムート社へ送り、校正刷りが届き、再三にわたり校正がドイツとの間を往復し、最終段階のチェックも済ませて発送して後、1週間目に吉田は息をひきとっている。しかも、この著書のあとがきには、多くの協力者に謝意を述べたあとに加えて、「この本は神の祝福がなければ不可能であったろう」と記し、自ら死期の近いことを予知していたかの如くである。

これと併行して口述を進めていた『スウェーデンの建築家』を筆者は担当したのだが、ドイツ文でさえ草稿なしであれば、日本文については当然のように、毎日5〜6頁分にも及ぶ速度で語り、しばしば前に戻っては添削もした。一言一句、正確に反復して、句読点や改行の位置さえ少しの誤りもなく記憶する明晰さは、とても常人とは思えぬほどで、神々しさをさえ覚えることがあった。

この本の後半は筆者の都合で同窓後輩の矢作英雄に託したが、彼も全く同じ感慨に浸っていたのである。

この著作のなかでは、吉田のストックホルム市庁舎に対する讃嘆、傾倒ぶりは、今井兼次や村野藤吾らのそれと変わるものではないが、

> エストベリィほどのものが、新しい建築の息吹に気のつかぬはずはあるまい。しかし、彼は新しい建築は次の時代にゆずり、自分は多年、慣れてきた建築で、自信をもって、しかも、精魂をかたむけて市庁舎をやったのだ。だからこそ、永久に人を動かすと思われる建築がつくられたのだ。

> この建築を古いといって、けなす人も一部にはあるようだが、新しいとか、古いとかいっても、時間の問題にすぎない。きょう新しいものも、あすはもう古くなっているであろう。またいかに新しい建築にしても、もし、それが借りものならば、なんの価値があろうか。すこし古くてもいいから**本格的な建築をやることが肝要なのだ。**(『スウェーデンの建築家』)

と結んでいるのは、いかにもプロフェッサーアーキテクト吉田鉄郎の面目躍如たるものがある。

この2冊の著作が完成する3年ほど前から、最初の著作『日本の住宅』を英文に翻訳する件で再三にわたりイギリスおよびアメリカの出版社から引き合いが来ていた。これは当時の欧米における日本ブーム、「ジャポニカムード」目当ての出版社のもくろみであったが、当初の吉田は周囲のすすめにもかかわらず英文版の出版について喜ばず無関心でさえあった。

それは、吉田のドイツ語に対する偏執的なまでの敬愛と英語に対する不信に近い感情のためであったのである。彼の『日本の建築』のなかにある一部の附図の説明にわざわざ花文字体のドイツ語を採用していることや、大学教授時代の講義において、用語の説明には、英語に必ずドイツ語もつけ加えることを忘れぬほどその傾倒ぶりは徹底したものであった。吉田は4年足らずの短期間でしかなかったが、1946年から日本大学工学部(現・理工学部)教授として素晴しい講義によって学生の指導に当たった。敗戦直後の社会的混乱がまだおさまらぬ時期に、俗事に超然とした謹厳そのものの姿は尊敬の的であり、長身に黒いオーバーをまとい、黒い大きな手さげ鞄、地味なネクタイに黒いソフト帽を離さず、ややうつむきかげんで大股に歩く姿は、まさに大学教授の典型的シルエットであって学生の憧れであったといってよい。大学教授としての生活を通して吉田は、著作の内容もさきに引用した「くずかご」のごとく平易なことばで、諄々と語りかける形式をとるものが多くなった。

そして絶筆となった『スウェーデンの建築家』の後書きでは、大学における最終講義をおもわせる内容で、吉田の建築観を、あますところなく語っているので、やはりこれも再録しておきたい。

> 後書き
>
> スウェーデンの近代建築はまことに美しい。……ことにストックホルムの市庁舎は近代の建築美として、永久にその名をうたわれるであろう。

実にこの建築においては、建築美がその頂点に達しているといっても過言ではあるまい。しかし、一面この美しさのために、しばしば実用的方面が犠牲にせられ、そのために近代建築としての特色が失われていることが少くない。したがって、この種の建築を再び現代に実現してはならない。しかし、だからといって、かりそめにもこの建築を軽視してはならない。それは、しばしばいったように芸術的方面において比類なくすぐれているからである。すべての事物におけるように、建築においても、ひとつの点において傑出しておれば、その点を模範としてこれに学び、他をあまり問わないのが賢明ではないであろうか。現代建築の最大弱点は、芸術的に程度の低いことではないかと思われる。したがって、ストックホルムの市庁舎が問題になったのを機会にして、われわれの建築観を、根本的に検討するのも無意義ではあるまい。

　われわれは建築をあまりにも唯物的に見て、文化的に考えることを忘れているのではあるまいか。建築が巨大な物象として眼前に現われる以上、これを芸術的にとり扱うのは当然であり、それが建築家の使命であるにもかかわらず、われわれはその使命を軽視しているのであるまいか。

　現代建築家はその光栄ある使命をみずから軽視して、科学者ないし技術家のまねをして、得々としているのではあるまいか。

　われわれはいたずらに技法の新しさにとらわれて、真の建築美を理解していないのではなかろうか。建築がその環境と調和してこそ、ますますその美しさがたかめられるであろうにもかかわらず、現代建築家は、建築をその環境からきりはなして、それだけとして考える傾向がないであろうか。建築は庭園と一緒に設計すべきものであるにもかかわらず、それをおこたっているのは、結局、われわれに、庭園にたいする試みがたらないからではないだろうか。

　ストックホルムの市庁舎が、われわれにうながす反省に際限もないが、この機会において、新建築ことに我が国の新建築が、今後たどるべき道について、考えるのも無意味ではあるまい。国民主義的な時代には、建築もこの思想の影響をうけて、どこの国でも国民主義的な建築が盛んであった。たとえば、我が国において、いわゆる日本趣味の建築が流行したことは人の知る通りである。しかし、交通機関、ことに飛行機が発達した結果、世界が文字通りひとつになりつつある今日では、すべてが国際的になってきた。たとえば、我が国の婦人の服装はほとんど全部、洋装になってしまった。建築も次第に国際化しつつある。この傾向は、今

後ますますさかんになるであろう。しかし建築が洋服のように簡単に、国際的になりきるかどうかは、大きな疑問である。

　一国の建築は、その風土や民族から強く影響されるものといわれているが、科学の進歩とともに、建築が風土の影響から解放されることは十分に考えられる。たとえば、現にアメリカで発達している空気調整が普遍化すれば、建築がもはや風土の影響を受けなくなる日が、案外はやくやってくるのかもしれない。もっとも、空気調整の普遍化は、直接、国民経済につながっているから、その実現はなかなか困難かもしれないが。建築が民族の影響から解放されることは、もっと複雑で、ちょっと考えられない気がする。これを要するに、遠い将来のことはいざしらず、近き将来においては、建築はますます国際化されるであろう。しかし一方において、国民的色彩を依然として持続するのではあるまいか。世界の新建築をみるに、すべてこの線にそって進んでいるように思われる。

　たとえば、スウェーデンの新建築は国際的であるが、一方において、スウェーデン的な特色をかなり濃厚にもっている。目下、アメリカを中心に流行している、いわゆる国際建築ですら、すでに述べたように、最初はもっぱら建築の国際性を強調していたが、近来は、その国民的色彩を肯定するという方向にすすんでいるようである。

　さて、わが国の新建築のすすむべき道はどうであろうか。わが国の建築は、まず、もっとも合理的、もっとも経済的、でなければならぬ。

　これはあながち、わが国に限ったことでないかもしれないが、わが国のような貧乏な国ではことに必要であり、かつ、この国においてこそ本当に発達するのではあるまいか。

　古来わが国民は、この種の建築にかけては、特殊な才能をもっているような気がする。

　こころみに日本住宅をみても、それは徹頭徹尾、経済的、合理的であり、かつ、きわめて近代的である。こういう建築を今日実現すれば、世界の人々は驚くであろう。もちろん、日本住宅は木造である。しかし、そこまでまねる必要は少しもない。芭蕉もいっているように、古人のあとをおわず、古人の求めたるところを、求めればよいであろう。次ぎにおこる問題は、こういうきりつめた建築において、はたして、美が見出されるかどうかという問題である。

　しかしそれは、すこしも案ずるには及ばない。わが国には古来、清らかさという特殊な美の観念があり、かつ、それはおそらく、きりつめたも

のに密接につながっているだろうからである。

　もっとも合理的な、もっとも経済的な、かつ、清らかな建築は、きわめて日本的である。しかし、それにはかつての斗、肘木式の建築におけるような、日本主義的な色彩はすこしもない。かつて、ブルーノ・タウトは、清らかさを讃美して、日本文化が世界文化に貢献したものだといったが、この種の建築も、日本人のみでなく、世界の人びとに貢献することができるであろう。かかる建築が創造されれば、日本人の価値も、おのずから高められるであろう。かく考えてくると貧乏国日本の建築家たるわれわれも希望で胸のふくらむ思いがするのである。(『スウェーデンの建築家』)

　すでに述べたように一冊の著書を完成するまでに、文章を考えつくし、さらに手を加えたうえで、写真の選択とレイアウトに着手するのだが、これまた大変几帳面かつ慎重で、もし自分の手持ちの写真で納得できぬ場合は、病床からアングルを指定して撮影を依頼し、再三にわたって入れ替え、表紙のデザインに至っては、原寸大の型紙に文字のスタイル、大きさ、太さをデリケートに指示し、一冊の本をつくる態度は、そのまま建築作品に対するそれと全く変わりなく厳格そのものであった。

　したがって吉田の著作を手にとって眺めると、建築作品に対面しているときと共通の感慨をもよおし、身のひきしまる思いがする。

　作品(建築)は、人(建築家)をあらわすといわれるが、厳密に観察してみると、人柄がにじみでるほどの境地にまで到達している建築家などは、決してざらにあるものではない。

　珍奇なカタチで人を驚かせることが、才能の、あるいは個性の表現であるかのごとき誤解のうえにたち、加うるに溺れるばかりのジャーナリズム攻勢に右往左往して、自己の道を見失いがちの建築家たちの作品からは、およそ人格などを感受することはあるまい。

　だが、吉田鉄郎は彼の建築作品とともに著書の隅々に至るまで自己の思想を明確に刻み込んだのだった。

本稿は、『吉田鉄郎建築作品集』(吉田鉄郎建築作品集刊行会編、東海大学出版会、1968)所収の拙稿「著作」をもとに、今回の出版にあわせて構成した。

『日本の住宅』の今日性
訳者あとがきにかえて

　本書は、Tetsuro Yoshida: *DAS JAPANISCHE WOHNHAUS*, Verlag Ernst Wasmuth G.m.b.H., Berlin, 1935. の全訳である。原著者・吉田鉄郎は、日本の近代建築の発展に大きな事績を残した建築家として知られる一方で、日本の建築や庭園について幅広い視野から叙述を重ねた著述家としての顔ももっていた。その著作については巻頭・巻末の監修者のテキストに詳しいが、とくに堪能なドイツ語で著した、『Japanische Architektur／日本の建築』(1952)、『Der Japanische Garten／日本の庭園』(1957)、そして本書を併せた3冊は、いわゆる「ドイツ語三部作」（いずれもベルリンのエルンスト・ヴァスムート[Ernst Wasmuth]社から出版）として有名であり、日本の建築をヨーロッパへ紹介するうえで重要な役割を果した。

　「ヨーロッパ人にはほとんど知られていなかった1935年、ヴァスムート社から出版された『日本の住宅』は、日本建築の美しさのすべてを紹介し、すべての美術愛好者に新しい世界を開いて大きな感動を与えた」（向井覚『建築家吉田鉄郎とその周辺』、相模書房、1981）と、スイスの建築雑誌『ベルク』は吉田の追悼記事（1956年11月）で伝えている。さらに、A. アアルトがその代表作〈マレイア邸〉の設計の際に、吉田の『日本の住宅』を購入し、いくつかのディテールの参考にしたことが当時の所員の想い出として確認されているのである（ユハニ・パラスマー「フィンランド建築に見る日本」、『建築文化』1998年10月号）。こうしたことからも、本書がヨーロッパに与えた影響の一端を知ることができよう。

　『日本の住宅』は、戦後の1954年に目次構成そのものを組み替えるほどの大幅な改訂がなされ、その性格が多少変化している。今回の翻訳にあたっては、改訂版ではなく戦前に遡って初版を底本としたのだが、訳者の立場からは「なぜいま1935年の本を復刻し、あえて"逆輸入"するのか」という点をめぐって文献解題を試みることにより、あとがきにかえたいと思う。

今日性と普遍性

　一見してわかるように、本書はきわめてヴィジュアルな構成となっている。独自のアングルをもつ写真は軒や鴨居の裏面までが鮮明に映し出されており、床の間の展開図などの秀逸な図面とともに、建築家の眼でセレクトされた図版が大きな特徴である。こうした構成は、三部作をつうじた特質であり、図解書といってもよいだろう。

　三部作のなかで日本建築学会賞を受賞した『Japanische Architektur』は、1972〜73年に『日

本の建築——その芸術的本質について I、II』(薬師寺厚訳、東海大学出版会)として邦訳が刊行されている。この『日本の建築』では、神社、仏寺から住宅、茶室、農家、そして城や城下町、都市計画までが扱われ、日本の建築と都市に対する吉田の理解の枠組みが包括的に示されている。それに対して本書『日本の住宅』では、『日本の建築』とは性格の異なるふたつの特徴を指摘できる。

まず、本書では対象が住宅建築に限定されているとはいえ、実践的な設計の方法論として日本の建築の成り立ちやそのデザイン原理が詳述されている。逆にいえば、木造住宅の叙述をつうじて、日本建築そのもののデザイン原理を解明しようとする建築家・吉田鉄郎の意図がみられるのである。

もうひとつの主眼は、縁側や引戸に表された日本の生活風土、つまり建築と自然環境との融合という日本の住宅の特性を図解することにあったといってよいだろう。外国人向けに書かれたために、日本建築の専門用語を駆使した説明は許されるはずもなく、部材というモノの役割や空間の機能から日本の住宅の特徴が説明されており、即物的な解説となっている。こうしたふたつの特徴は、竪穴式住居からはじまる歴史の叙述にもみられ、同様の視座で住宅史が概説されている。

したがって今回の訳出の意義は、日本の木造住宅と自然環境の融合性というテーマの今日性にくわえて、古来より連綿と培われてきた木造建築のデザイン原理というテーマに、一定の普遍性を見出すこともできるのである。

じつは本書の訳出が企画されたのは、今回がはじめてではない。吉田鉄郎本人から薫陶を受けた建築家や研究者、作品・著作をとおして私淑するものたちによって、何度となく訳出が企画されてきた。しかし、欧米では広く読まれているにもかかわらず、日本国内では一般的な理解をえるには至らなかったのである。それは、日本の木造建築のデザイン原理を描くために選んだ本書の対象が、いわば"大邸宅の系譜"ともいうべき上流層の住宅であることに起因しているように思われてならない。だが、この選択眼こそが建築家・吉田鉄郎の面目躍如たるところであり、特筆されるべき本書の性質なのである。

建築家としての眼差し

一般的に、建築史家による日本住宅史は、宗教建築から寝殿造が派生し、書院造へと展開、これに数寄屋(茶室)がつけ加えられ、数寄屋風書院の典型である桂離宮へと至る。そして近世では町屋や民家建築が、近代では庶民住宅(あるいはサラリーマン住宅)の系譜が語られ、現代住宅へと導かれるのである。

本書における吉田の叙述も、宗教建築から寝殿造、書院造、数寄屋(茶室)、と近世までの対象は建築史家と大差がなく、武家造を過渡的な様式としているのも同様である。しかし、吉田にとっては同時代となる近代で着眼したのが、建築史家の叙述では等閑視されていた和風大邸宅であった。同潤会の動向を紹介するなど庶民住宅への視野もみられるもの

の、主役は女中室や衣装室を備えた大邸宅となっている。本書では、同時代の大邸宅の源流を桂離宮に求めることで、寝殿造にはじまる日本住宅の史的展開の一貫した回路が描かれようとしているのである。

近代における和風の大邸宅は、華族や財閥といった富裕層の住まいとして展開したもので、数寄者とよばれた富豪の文化人が施主となり、数寄者の趣向と工匠たちの腕が一体となって独自の建築文化を築いた。ここで注目されるのは、意匠的な展開だけでなく、近世以前からの技術の継承という側面である。工匠たちは江戸幕府や京都御所で活躍した大工職人の系譜にあたり、近世以前からの技術を受け継ぐものたちであった。古来より建築技術の展開を牽引する表舞台となってきた社寺建築は、近代になると技術的な進展があまりみられなくなる。一方の和風大邸宅は、生活の器であるがゆえに変化が求められることとなり、いわば日本建築の粋ともいえる工匠たちの技術がそこに受け継がれ、近代以降も変容・展開していったのであった。

つまり、"日本建築の伝統がどのように近世から近代へ流れ込んだのか"を体現するものこそが和風大邸宅であり、ここに吉田の着眼点を見出すことができるのである。それは日本の近代建築史という観点でみると、西洋歴史主義、前衛としてのモダニズム（近代主義）、という二極では語りきれなかった"日本の伝統の近代化"という新たな一側面をくわえることにもなる。

民主主義の市民社会にふさわしい建築をテーマとした戦後の建築学にとっては、大邸宅はあくまで特殊解であり、時代の意識に適合する研究対象とはなりえなかった。それゆえに住宅史の枠組みからは外されてきたのであろう。しかし、建築家としての吉田は、日本建築（住宅）のデザイン原理を解明することを目的に、桂離宮と近代の和風大邸宅を直結させ、その延長に日本の現代住宅の姿を見据えようと試みたのである。和風大邸宅から中流住宅、そして同潤会までが考察の対象とされている点に本書の時代性が色濃く映し出されている。

建築家が描く日本住宅史や建築史、つまり建築家の伝統への眼差しは、ときとして建築史家にはありえない発想をもたらすことがある。本書146ページで登場する「京都帝国大学の衛生学研究室」の教授を務めた建築家・藤井厚二（1888～1938）は、科学的なアプローチから日本住宅の設備面の近代化を探求したことで知られる。また、堀口捨己（1895～1984）の茶室研究は、それまでの様式史とは異なり、茶室建築を「生活構成の芸術」とする新しい視点を打ち出すことで、建築史家たちにも大きな影響を与えたのである。

本書が刊行された1930年代半ばの日本国内では、西洋歴史主義とモダニズムの学習を終え、"日本的なるもの"をめぐる議論が華々しく展開されていた。こうした命題は、戦後の伝統論争へとつづいていくが、藤井の科学的アプローチや、茶室をテーマとした堀口の研究手法は、時代性とみごとに合致して幅広い展開をみせ、学会やメディアを賑わせることとなる。

一方で、吉田の主題とする和風大邸宅は、時代の風潮にはあわず、戦後公共建築の設計

手法を確立した吉田の建築作品ほどに一般的な評価をえるには至らなかった。「自抑性」を自らの主旨とした吉田は、その思想を喧伝することはなく、著作以外に残された言説がきわめて限られていることも、理由に挙げられるのかもしれない。むしろ、〈東京中央郵便局〉(1936)や〈大阪中央郵便局〉(1939)といったモダニズムの公共建築で知られる吉田が、和風住宅を設計していたこと自体があまり知られていないのだろう。

本書で「現代の例」として紹介されている自作の和風住宅は、同郷の実業家・馬場道久に依頼されて設計したもので、大邸宅といってよい。〈馬場牛込邸〉(1928、現・最高裁判所長官公邸)と〈馬場那須山荘〉(1928)での施主との出会いが、結果として吉田に日本建築の伝統への眼を開かせることとなり、独自の建築作品と著作を生み出すこととなったのである。さらにいえば、監修者も述べているブルーノ・タウトの日本建築理解に与えた影響は、馬場邸の設計で培われた教養があってのことであろうし、タウトに説明することで伝統に対する吉田の思考も体系だてられ、憶測だが、本書が誕生するきっかけとなったことも推察できよう。タウトの滞日期間は1933〜1936年、本書『日本の住宅』の初版がドイツで出版されたのは1935年である。

版の推移

日本国内では長く"幻"となってきた本書だが、欧米ではロングセラーとなっていた。『日本の住宅』の第2版が出版されるのは1954年であるが、翌1955年にはこの第2版にもとづく英訳版がロンドンのアーキテクチュアル・プレス(Architectural Press)社より刊行されている。ちなみに英語版では、書名が『The Japanese House and Garden／日本の住宅と庭園』と変更されているが内容は同一で、これはさらに1963年に版を重ねている。

そして、吉田の死から13年を経た1969年に、ドイツ語版(エルンスト・ヴァスムート社)、英語版(ポール・モール・プレス[Pall Mall Press]社、ロンドン)がともに体裁を変えてふたたび改訂される。本文は第2版と同じ内容だが、ともに2段組みのレイアウトとなって紙面の印象が変わり、巻末には美術史家ウド・クルトゥアマン(Udo Kulturmann)によるあとがきがつけ加えられている。

クルトゥアマンのあとがきは、吉田の事績を概観するとともに、吉田によって描出された日本の住宅の特徴が、現代の日本の住宅建築にも継承されている点を強調したものである。「日本の木造建築の最新動向を、厳選された図版によって知りたいという要望が各方面から寄せられている」ことに応じて、丹下健三の自邸や芦原義信、生田勉、村田政真らの設計による住宅が写真で紹介されている。初版から30年以上を経てなお色褪せることのない吉田の主張の同時代性を指摘し、原書が時代を超えて普遍的な価値をもった書であることを印象づける論調となっている。

以上のように、本書は原著者亡きあとも版が重ねられていったのだが、やはりその内容が大きく変化したのは、吉田自身の手で改訂された1954年の第2版においてである。1954年

1月の日付をもつ序文で吉田は、「本文を徹底して改訂し、広範囲にわたって図版を差し替えた。とくに、庭園に関する章については、かなりの部分を増補した」と明記している。

改訂の内容は208〜209ページの表にみられるように、まず目次構成に表れている。第2版は、I. 気候／II. 起居様式としてのユカザ（床坐）／III. 歴史的発展／IV. 平面計画とその実例／V. 部屋の形式と室内意匠／VI. 建築材料／VII. 構造とディテール／VIII. 窓と戸／IX. 衛生設備／X. 庭園、の全10章からなる構成である。初版と比較すると、「起居様式としてのユカザ」、「窓と戸」の2章が新たに独立して設けられ、逆に初版の最終章にあたる「都市計画と住宅問題」が削除されていることがわかる。鴨長明や吉田兼好などが引用されて文化論的な補完がなされるとともに、襖や障子などの建具に関する記述を独立させ、初版から吉田が強調してきた日本の住宅の特質、平面の融通性について詳述しているのである。一方で、同潤会の試みなど、個々の住宅だけでなく都市と住宅との関わりに言及した部分が姿を消している。これは日本の都市が、戦前と戦後でその拠って立つ状況を大きく変質させ、記述の同時代性を保持できなくなったことに関係しているのかもしれない。

そして、自ら記しているように図版の異同も顕著である。210ページの表は、初版と第2版の図版の内容を比較したもので、ここからいくつかの際立った相違点を見出すことができる。まず、日本の住宅の歴史的発展について記した章において、初版で用いられていた竪穴式や高床式住居、出雲大社、法隆寺伝法堂などの図版が削除され、第2版では京都御所、二条城、園城寺光浄院などの図版が新たに掲載されて、平安時代以降の寝殿造から書院造への流れに叙述の重心が移されている。農家や町屋、土蔵なども紹介され、1952年の『日本の建築』で展開した歴史観、建築観に呼応するかのような改変がくわえられているのである。

また、庭園についての章で目立って観察されるのだが、桂離宮の図版が増加している点を指摘できる。これは、初版、第2版をつうじて序文に記された、「桂離宮を日本の住宅の頂点として抽出」するという吉田の意図をより一層反映させるとともに、モダニズムの眼による桂離宮の新たな理解をさらに強調したものになっている。

現代住宅の作例として自作の〈馬場牛込邸〉（1928）や〈馬場那須山荘〉（1928）の図版は初版でも使用されているが、第2版ではそれに加えて、1940年に完成した〈馬場熱海別邸〉の写真が多数転載されている。そのほか、同じ被写体でもアングルを変えるばかりでなく、使い勝手を示すためにモデルとなる人物を入れて再撮影しているような写真もあり、図面に関しても描き直されているものがある。たとえば、平面の実例として第IV章で図示されている10数葉の平面図は、初版と第2版では異なり、すべてが差し替えられているのである。

第2版には、いわゆる三部作のほかの2冊『日本の建築』『日本の庭園』と重複するような論述もみられる。桂離宮の評価が前面に表出するなど、今日ひろく流通している日本の伝統建築理解の枠組みへの近接が顕著になっているのである。そして文体も初版と雰囲気が異なり、つぎのように詩的なテキストではじまっている。

初版と第2版の変遷 ―― 目次の推移　作成：川嶋千希子（日本大学理工学部建築史・建築論研究室）

■ 初版（1935）

目次	おもな図版	頁
はじめに		2
I. 序論		
気候	各国首都の気候（月平均）	10
建築材料		
習慣と価値観	座敷からみた屋・裏千家宗家の茶室	
II. 歴史的発展		38
	竪穴式住居、高床式住居、白川郷の合掌造 出雲大社、伊勢神宮、伝法堂 寝殿造の配置図、平面図、調度品 武家造平面図、飛鸞閣平面図 金閣、飛鸞閣、臨春閣、聴秋閣 平面図 桂離宮： 庭園俯瞰図、月見台、桂離宮古書院一の間 新御殿の広縁一の間、桂離宮「桂棚」 松琴亭の広縁、茶室・楽室のアイソノメトリック 修学院離宮： 隣雲亭 下御茶屋（寿月観）	
III. 平面、間取り、室内意匠		44
概要 平面 居室	畳の敷き方 住宅の平面図とアイソノメトリック	
居間 床の間 棚（床脇） 書院 押入と書箱 縁側	床の間の形式、床の間と棚のディテール 棚の形式、桂離宮の棚、茶室の釣棚、木炭の棚 書院の形式、付書院 造付戸棚と引出し、桂離宮の造付戸棚 1間幅の広縁、2畳の縁側からみた上段、 馬場形須山荘正面の違い棚	
ユーティリティ 台所 付属室 浴室 脱衣室 洗面空間 玄関 前室 廊下 階段 蔵	台所の設備 浴室・木製と金属製の浴槽 洗面所、化粧室 便所の平面図例、桂離宮の洗面室 来客用玄関の外観と内装 1間幅の廊下（畳敷き）	

■ 第2版（1954）

目次	おもな図版	頁
はじめに	日本地図	2
序論		2
I. 気候	各国首都の気候 日射角度を示す断面図	6
II. 屋根様式としてのユカヅカ		3
住宅の初期の型式 貴族の起居 武家住宅 住宅と本論の影響 町家と商家 長屋 農家 現代住宅	平安京内裏の平面図、寝殿造の調度品 武家住宅の構成図、光浄客殿の平面図 二条城二の丸御殿の平面図、桂離宮の配置図、平面図 農家の平面図、町家の平面図と外観 （そのほかの図版） 伊勢神宮 紫宸殿、清涼殿 光浄客殿の広縁の床の間、広縁 前庭、新御殿の床の間、広縁 桂離宮： 修学院離宮： 下御茶屋（寿月観） 上御茶屋（隣雲亭） 聴秋閣	46
III. 平面計画とその実例	畳の敷き方 日本住宅の室内透視図 馬場形海別邸の配置図と平面図 平面記号の凡例 住宅平面図（16例、馬場半込邸を含む）	20
IV. 部屋の形式と室内意匠		32
居室 応接室と座敷 居間 茶の間（食事室） 茶室 床の間 棚（床脇） 押入 縁側 洋室	馬場半込邸の座敷 居間、押入を開けた状態、ふとんを敷いた状態 床の間の形式、床の間と棚のディテール、路込床、織部床 棚の形式 造付戸棚を引出し、桂離宮の造付戸棚 馬場形須山荘の違い棚	

IV. 平面の実例	平面記号の凡例 住宅平面図(15例)	12
V. 建築材料	木材の例(檜,杉,欅,桐) 床柱の種類,馬場形須山荘の階段	10
VI. 構造とディテール	平屋の立面図,断面図,構造のディテール 壁の継手の形式 壁の断面展開図,アイソメトリック 天井の一般的な納まり,茶室の天井 障子の形式,窓のディテール,すりガラスの附掛窓 戸の各形式,襖(兩,戸袋,木製の戸,下地窓) 欄間の形式 桂離宮笑意軒	30
VII. 換気,暖房,採光,給排水 概要 換気 暖房 採光と照明 給排水	東京の風向表 日射角度を示す断面図	8
VIII. 庭園	竜安寺の庭園,仁和寺の茶室と茶室 石灯籠,桂離宮庭園,修学院離宮庭園 住宅の庭	19
IX. 都市計画と住宅問題	戸建のゾーンとプラン配置図,住宅地の街路の景観	12
補遺 標準化と構法		7
合計		192

台所 付属室 浴室 便所 洒落空間 玄関 廊下 付属建築物 蔵	洗面所と更衣室(モデル入り),木製と金属製の浴槽 小住宅の玄関と前室,玄関 1間幅の玄関広縁,階段のある廊下	9
VI. 建築材料	木材の例(檜,杉,欅,桐) 床柱の種類,東京の貯木場	19
VII. 構造とディテール	平屋の立面,断面,断面パース 構造のディテール 土台継手の形式 壁の断面展開図,アイソメトリック 竹縁側繩(竹の手摺,月見台) 屋根構造,天井の構造,土蔵のディテール しな壁の天井,網代天井,格天井 馬場海形邸:立面,断面	19
VIII. 窓と戸	障子の貼り方(モデル入り) 障子のある茶室,商家の例間,障子付掛窓 すりガラスの附掛窓,2階の部屋の附掛窓 つつみ障子の建て欄間,縁のディテール 桂離宮・引手の引手金物,欄間の形式 戸の各形式(下地窓,木製の戸,雨戸,戸袋)	18
IX. 衛生設備 換気 暖房 照明 給排水	換気装置(窓の数原の下) 低い吊りの角灯,足付角灯 桂離宮の洗面所	4
X. 庭園	住宅地の街路の景観 飛石,敷石の配置形式 馬場海形邸の門,桂離宮の表門 桂離宮の竹垣,慈照寺の竹垣と石垣 桂離宮庭園: 敷石,飛石,石橋,石灯籠の例 手水鉢	25
結語		2
補遺		6
合計		194

初版と第2版の変遷——図版の異同

図版総数:初版203点、第2版249点

■ おもな図版の異同とその数

	初版	改訂版
寝殿造	8	13
桂離宮	40	61
修学院離宮	7	6
飛雲閣	2	1
聴秋閣	1	2
臨春閣	2	1
養浩館	1	2
吉田鉄郎の作品 馬場牛込邸	20	14
馬場那須山荘	2	2
馬場熱海別邸	—	19
そのほか	—	1
堀口捨己の作品	—	2
建物の内側から庭をみたもの	4	8
庭と建物外観	26	15
床の間	5	10
違棚	7	3
床の間+違棚	2	2
書院	3	2
床の間+書院	2	—
床の間+違棚+書院	1	1
押入・造付け引出し	6	5
天井	3	4
襖	2	3
引手金物	—	9
障子	5	3
肘掛窓	1	3
木製戸	1	3
雨戸、戸袋	4	4
下地窓	4	2
窓下換気装置	—	3
照明	—	3
門	1	2
垣	1	4
敷石、飛石	—	12
石灯籠	2	8
手水鉢	4	2
街路の景観	3	2
ジートルンク(住宅地)	3	—

■ 初版のみの図版

竪穴式住居(絵図1)
高床式住居(絵図1)
合掌造民家(外観写真1)
出雲大社(平面図1、外観写真1)
法隆寺伝法堂(外観写真1)
武家造(平面図1)
鹿苑寺金閣(外観写真1)
茶室(内観写真1、アイソメ1)
竜安寺(石庭写真1)
仁和寺(茶室と茶庭の写真1)
表千家の腰掛待合(外観写真1)
桂離宮賞花亭(外観写真1)

【備考】
VII章「換気、暖房、採光、給排水」に設備の実例写真なし
原書では吉田鉄郎設計の住宅に設計者は無記名

■ 第2版のみの図版

平安京内裏(平面図1)
京都御所紫宸殿(平面図1、南廂の写真1)
京都御所清凉殿(平面図1、御座の写真2)
園城寺光浄院客殿(平面図1、床の間と広縁の写真各1)
二条城二の丸御殿(平面図1)
京都の町家(平面図1、外観写真1)
長野の農家(平面図1)
馬場熱海別邸(平面図1、立面図、外観写真など計19)
土蔵(詳細図1)
江戸大名屋敷(配置図1)
照明器具(写真3)

【備考】
ディテール写真の増加(石灯籠、引戸の引手金物、庭の敷石・飛石など)
部屋の使い勝手を示す写真の増加(モデル入り)
再撮影で開口部を閉めた写真4例
庭園の図版の増加

「久しい前からひとつの夢を抱いている。遠く離れた深い山の谷間に生える、名もない草の葉に宿る一滴の露に、私はなりたい。露は小川にこぼれ落ち、小川の水に和し、その水は川に流れ込み、川は海に注ぎ、そして海の波は地球上のすべての陸地の岸辺を洗う。民族間の文化の交流とはこのようなものではないかと思う。私の夢とは、たとえ一滴の露としてであったとしても、この大切な仕事に我が身を捧げることである」(第2版序文)。

　一方で初版は、むしろ実際的、即物的な設計マニュアルとしての記述に徹底することで、その淡々とした文体のなかに、日本の建築の特徴がより明確な輪郭をもって姿をあらわすという特徴がある。今回の翻訳に際して1935年の初版を底本としたのも、こうした吉田の叙述スタイルにその理由の一端がある。

メディアとしての性格

　日本の建築がヨーロッパへ紹介されるようになったのは、19世紀後半に日本を訪れはじめた外国人研究者や建築家、旅行者などによる報告をつうじてである。クルトゥアマンが本書1969年版のあとがきで記しているように、初期の著作としてはエドワード・モースの『Japanese Homes and their Surroundings』(1886、邦訳：上田篤他訳『日本のすまい・内と外』鹿島出版会、1979／斉藤正二他訳『日本人の住まい　上・下』八坂書房、1979)、またより専門的な立場からクリストファー・ドレッサーの『Japan. Its Architecture, Art, and Art Manufactures ／日本：建築・美術・工芸』(1882) やラルフ・クラムの『Impressions of Japanese Architecture and the Allied Arts ／日本の建築と周辺芸術の印象』(1906) などが知られる。しかし、これら初期の日本建築論は、学術的な正確さをともなわないものや、装飾のパターン収集に偏りがちな芸術史の観点から述べられたものであり、技術面の分析も含めた包括的な記述は十分なものではなかった。

　一方、1903年にベルリンで出版されたフランツ・バルツァーの『Das Japanische Haus, eine bautechnische Studie ／日本の住宅、その建設技術の研究』は、豊富な図版を駆使しながら、日本の建築の構造的、技術的特徴に目を向けている。バルツァーは鉄道・土木技術者で和風の東京駅設計案などで知られるが、この著作は、なかで明記されているように、木子清敬、伊東忠太から提供を受けた日本建築の詳細な図面をもとにしており、木造建築の構造システムの特質をヨーロッパへはじめて体系的に伝えたのである。

　吉田はもちろんこのバルツァーの著作を参照しており——参考文献に挙げられている2冊のドイツ語文献のうちのひとつ——、両者を比べると記述の枠組みも援用していることが、目次構成や図版、とくに構法への着眼といった叙述の類似性により推測できる。

　しかし、吉田の『日本の住宅』はさらに、構法のシステムに内在する合理性を設計の実践的な方法論として捉えなおし、近代建築の価値規範との同質性に論及している点で、たんなる技術的分析を超えた視点を提起しているともいえる。巻末に一覧できるよう配慮された補遺のように、日本の建築に見出される畳や各種部材の標準化、規格化は本書の大きな軸のひとつであり、それはモダニズムが目標に掲げた方法論のひとつでもあった。

　さらに、本書のもうひとつの軸、建築と自然環境との融合という論点についてであるが、これは吉田だけでなく日本の建築について一般的に語られる際の常套句として定着しており、当初から繰り返し指摘されてきた点である。吉田は「Sauberkeit ／清純」という概念を引き合いに出しているが、単純性、簡素性、非装飾性、自然性などの日本の建築にみられる性質は、モースのころからすでに俎上に載っていたのである。

　このように考えると本書は、日本の建築が海外へ紹介される際のふたつの語り口、単純性や簡素性などのいわば"倫理的な価値規範"に関わる言説と、バルツァー以降の"技術的合理性"という側面を巧みに統合し、しかもそれを"デザインの原理"としてあらためて定着させている点に大きな特徴があると見なすことができる。

タウトが本書について、「一体ドイツの建築家が、日本建築の寸法や細部に則って日本家屋をベルリンに建てようとするだろうか」(向井覚、前掲書)と批判的に日記に記しているが、この印象はドイツ人にとって当然の反応である。なぜなら、具体的な設計の方法論という叙述スタイルを介して、日本の建築の特質を描き出すことが吉田の目論見だったと考えられるからである。今日、本書をいわば"逆輸入"して改めて訳出するのも、こうした吉田の叙述の方法が逆に新鮮な光を放ちはじめているように感じたからである。

翻訳の経緯

前述のように、本書の訳出は今回がはじめてではない。1980年代初頭には逓信省の吉田の後輩たちによって、第2版をもとにした英語版からの翻訳作業が実際に行われ、その中心となったのが今回の訳者のひとり向井覚である。それまでに向井は、『日本の建築』を訳した薬師寺厚氏(故人)に、残る三部作2冊の翻訳を何度となく依頼してみたが、あまり気が進まない様子であり、作業は向井とその同僚たちの手に委ねられたという。そしてようやく実現した翻訳も市販されることはなく、日本電信電話公社建築局(現・NTTファシリティーズ)の部内資料となったため、いわゆる私家版のかたちにとどまり、まさに知る人ぞ知る幻の名著となっていたのである。一方で、向井や監修者の近江榮をはじめとして吉田鉄郎に関する著述や著作が重ねられつづけてきた。ここにすべてを書くことはできないが、『日本の建築』を訳した薬師寺氏や、『建築家・吉田鉄郎の手紙』を編んだ内田祥哉氏(向井と共編著、鹿島出版会、1969)、そして「建築家吉田鉄郎研究」をライフワークとする矢作英雄氏といった人々の存在も欠かすことができない。

こうした意味で、本書の訳出は、吉田を慕う人々による数十年越しの企画といってもよい。発端となった私家版は、本文を向井と西郷正宣氏(故人)が共訳し、喜多幸次郎氏が図版部分を訳すとともに実務的なまとめ役となっている。そして初版を底本とした今回の翻訳作業は、この私家版を参考にしながら、ベースとなる訳稿を田所が初版から起こし、建築史的、技術的な記述として大川が推敲し、筆を入れた。そのうえで向井が校閲している。最終的には吉田に直接師事した監修者・近江が、翻訳にあたっての文体や図版の処理などの方針も含めて、全体を統括した。SD選書という小さな本にまとめるにあたって、これだけの関係者の手を集めざるをえなかったことに、原著者・吉田鉄郎の偉大さを改めて確認させられることとなったのである。

前述のように初版の原文は、第2版の情緒的な雰囲気とは若干異なり、硬質なテキストで淡々と書き進められている。翻訳に際してはこうしたニュアンスをできるだけ尊重したが、初学者や建築の専門外の読者を想定して、表現をわかりやすく置き換えた用語や、文意をとおすために言葉を補っている箇所もある。吉田は序文で、日本語に相当するドイツ語が見当たらないと記しているが、その逆もまたありうるのである。改行についても、基本的には原文に則っているが、読みやすさに配慮して適宜挿入した。

『日本の住宅』の今日性

　脚注はすべて訳者によるもので、原書に注記はない。今日の建築史における一般的な評価とは異なる記述について、補説として記した。出版からすでに70年近くが経過しており、建築史上の諸説も書き換えられてきているためである。原文表記を脚注に紹介しているのは、説明なしに相当する日本語に置き換えてしまった用語である。元来ドイツ人の読者を対象として書かれているため、日本に独自の事象については説明的に描写され、それを逐語訳

『日本の住宅』初版（1935）の扉と本文ページ

本体：タテ264ミリ、ヨコ220ミリ
本文：Futura（フーツラ）9ポ、行間：6ポ

すると表現が回りくどくなると判断したためである。

また、原書では「Shoin-Zukuri」「Oribedoko」「Nageshi」といったように日本語の読み方も併記した専門用語が多くみられる一方で、「Samurai」「Kyôto」といった一般用語の併記も少なくない。これらをすべて本文に反映させるのは日本語の文章に相応しいとは思われないため、訳者の判断で建築の専門用語に限ってルビをつけることとした。原書での説明の雰囲気については、脚注の原文表記のほかに、索引でご覧いただきたい。ローマ字読みで日本語をピックアップした原書の索引に則って作成してみたので、語彙の一覧表としても楽しめるであろう。

そして、本書のレイアウトについても一言つけ加えねばならない。縦組みの多いSD選書だが、今回は本文中に寸法などの数値の解説が多いために横組みとし、また、原書のイメージをできるだけ踏襲するためにゴシック系の字体を使ってある。吉田は、「建築作品とともに著書の隅々に至るまで自己の思想を明確に刻み込んだ」と監修者が述べているように、図版の選択や字体のデザインなどに細心の注意を払って著作をまとめたといわれる。判型はSD選書にあわせて小さくなったが、デザイナーの協力のおかげで"吉田鉄郎の作品"の雰囲気を残せたと思っている。オリジナルのニュアンスのいくばくかが伝われば幸いである。

最後に、本書の刊行にあたりお世話になった方々に、この場を借りて謝意を表したい。

本書の刊行を快くお許しいただいた原著者のご遺族、吉田尚之・登美子ご夫妻に厚く御礼申し上げます。吉田ご夫妻への連絡や資料協力にご尽力いただいた矢作英雄先生には大変にお世話をお掛けしました。また、前述の私家版を参考にさせていただくにあたっては、当時の翻訳作業のまとめ役である喜多幸次郎氏にご快諾をいただいた。今回の訳出作業にあたっての原本は、国際交流基金図書館に所蔵されているものを使用させていただいており、同図書館の栗田淳子さんにご便宜をいただいた。そして日本大学理工学部建築史・建築論研究室の川崎宇希子さんには、原書の改訂にともなう図版の複雑な変容を調査していただき、訳出をアシストしていただいた。その成果が本項掲載の表である。

文末になるが、本書の企画・編集は鹿島出版会の川嶋勝さんの力を抜きに語ることはできない。この名著を今日の世に問おうという情熱に訳者たちは動かされたのであり、ここにあらためて感謝の意を表します。

建築家・吉田鉄郎の『日本の住宅』が欧米で長く愛されつづけているように、SD選書となった本書が日本でも広く愛されることを願ってやまない。

2002年5月25日
大川三雄　田所辰之助

索引

補遺（標準化と構法）および図135を参照のこと
（ ）＝図版番号

なお、この索引は原書の項目立てにならって作成した。
原書ではローマ字のように日本語の読み方でつづられている。

【ア】

赤羽［あかばね］ （200）
赤松［あかまつ］ 60, 107
明障子［あかりしょうじ］ 15, 130
秋田［あきた］ （116, 119〜121）
足固め［あしがため］ 115, 118, (135), 122, 185
網代天井［あじろてんじょう］ (91), 126
雨押え［あまおさえ］ 186
雨戸［あまど］ 15, 118, (134, 135), 132, 137, 138, (156〜159), 140, 188
生け花［いけばな］ 59
石灯籠［いしどうろう］ 155, 157, (180, 181)
石山寺縁起［いしやまでら・えんぎ］ (18)
泉殿［いずみどの］ 12, (13)
出雲大社［いずもたいしゃ］ 11, (9, 10)
伊勢神宮［いせじんぐう］ 7, (9, 11)
田舎間［いなかま］ 52, 121
入母屋［いりもや］ (94), 127
岩手［いわて］ (118, 122)
内法［うちのり］ 122, 127, 184
内法長押［うちのりなげし］ 187
裏千家［うらせんけ］ (5, 178)
縁板［えんいた］ 118, (135), 186
縁框［えんがまち］ 118, (135), 186
縁側［えんがわ］ 6, 12, 13, 15, 49, 52, 54, 59, 72, (81〜85), 79, 82, (134), 121, 126, 127, 130, 131, 137, 140, 153, 186
縁桁［えんげた］ 118, (135), 186
大阪［おおさか］ 147
大引［おおびき］ 115, (134), 185
荻窪［おぎくぼ］ 172, (197, 198)

置床［おきどこ］ (58), 60
落し掛け［おとしがけ］ 60, 187
表千家［おもてせんけ］ (164, 177)
織部床［おりべどこ］ (58), 60

【カ】

鏡戸［かがみど］ 139, (160)
掛物［かけもの］ 59, 60
春日権現験記［かすがごんげんけんき］ (19, 20)
桂離宮［かつらりきゅう］ XI, 17, (28〜47, 61, 69, 77, 78, 93), 122, (141, 149, 152, 165, 166, 172), 156, (182 188)
壁［かべ］ 118, (135), 122, 124, (138〜140)
鎌倉［かまくら］ (202)
上桟［かみざん］ 188
鴨居［かもい］ 86, 118, (134, 135), 122, 127, 184, 185, 186, 187
唐木［からき］ 111
ガラス戸（窓）［がらすど（まど）］ 118, (134, 135), 127, 130, 131
木小舞［きごまい］ 186
木曽［きそ］ (117)
北山殿［きたやまどの］ 15
几帳［きちょう］ 14, (17)
木連れ格子戸［きづれこうしど］ 139, (160), 188
岐阜［ぎふ］ (8)
窮邃軒［きゅうすいけん］ (154, 155)
行［ぎょう］ 157
京都［きょうと］ XI, (5), 14, 15, (16, 23, 24, 28, 48, 50), 52, (60, 62, 63, 65, 123), 122, 124, (144, 164), 147, 155, 156, (173, 176, 177〜182, 189〜192)
京間［きょうま］ 52, 121
桐［きり］ (57), 60, (79, 80, 91, 124), 111, (129), 126
木割［きわり］ 17, 157, 184
金閣［きんかく］ 15, (23)
釘隠［くぎかくし］ 122, (141)
沓石［くついし］ 115, 118, (135), 186
組子［くみこ］ 188

215

蔵 [くら] 88, 89
黒松 [くろまつ] 107
桑 [くわ] 60, 111
慶栄寺 [けいえいじ] (64)
蹴込床 [けこみどこ] (58), 59
化粧裏板 [けしょううらいた] 118, (135), 186
化粧垂木 [けしょうたるき] 118, (135), 186
化粧屋根裏 [けしょうやねうら] 118, (135), 126, 186
欅 [けやき] (125), 111, (128)
間 [けん] (53), 52, (81), 79, 84, 88, (99), 115, 121, 124, 128, 183
玄関 [げんかん] 13, 14, 20, 85, 86, (94~97), 138
源氏襖 [げんじぶすま] 131
光雲寺 [こううんじ] (192)
格子戸 [こうしど] 138, (160), 140, 188
格天井 [ごうてんじょう] 126
小壁 [こかべ] (134), 118, (135) 122, 127, 147, 184
黒檀 [こくたん] 60, 111
腰高障子 [こしだかしょうじ] 130
腰長押 [こしなげし] 187
炬燵 [こたつ] 149
孤篷庵 [こほうあん] (62)
小堀遠州 [こぼり・えんしゅう] 17, 156
駒沢 [こまざわ] (199)
小屋 [こや] 115, 121
小屋束 [こやづか] 115, 185
小屋梁 [こやばり] 115, 185

【サ】

西芳寺 [さいほうじ] 155
狭衣物語 [さごろもものがたり] (6)
座ぶとん [ざぶとん] 7, 57, (91), 121
サムライ 14
猿頬棹縁 [さるぼおさおぶち] 187
山水屏風 [さんすいびょうぶ] (16)
三宝院 [さんぽういん] (60), 191
地板 [じいた] 187
敷居 [しきい] 118, (134, 135), 121, 122, 127, 137, 138, 184, 187

下地窓 [したじまど] 59, 140, (162, 164~166)
下見板 [したみいた] 186
下見簓子 [したみささらこ] 186
紫檀 [したん] 111
茵 [しとね] (17)
蔀戸 [しとみど] 13, (17)
地覆 [じふく] 187
地袋 [じぶくろ] 61, (91)
地袋板 [じぶくろいた] 187
島根 [しまね] (9, 10)
下桟 [しもざん] 188
下御茶屋 [しものおんちゃや] (50, 51)
尺 [しゃく] 12, 51, (53), 52, 84, 121, 124, 127, 128, 130, 183, 188
修学院離宮 [しゅがくいんりきゅう] (48~51), 154, 155, 180, 181, 189, 190
書院 [しょいん] 14, (21, 22), 54, (55~57), 58, 65, 69, (72~75, 100, 110), 187
書院造 [しょいんづくり] 14, 15
書院柱 [しょいんばしら] 188
笑意軒 [しょういけん] (165, 166, 186)
賞花亭 [しょうかてい] (188)
松琴亭 [しょうきんてい] (40~47, 182, 183)
松月亭 [しょうげつてい] (191)
障子 [しょうじ] 57, (79, 91) 111, 115, 118, (134, 135), 127, 130 132, (145~149, 154), 140, 146, 150, 184
白川郷 [しらかわごう] (8)
真 [しん] 157
神護寺 [じんごじ] (16)
寝殿 [しんでん] 11, 12, (13~20), 153
寝殿造 [しんでんづくり] (6), 11, 13 15, (13~20), 153
杉 [すぎ] (57), 60, (91, 98), 107, 109, 111, 126, (116, 119~121), 127, 130, 167
簾(障子) [すだれ(しょうじ)] 13, (17), 130, 140, 147
隅木 [すみぎ] 185
醍花亭 [せいかてい] (179)
仙洞御所 [せんとうごしょ] (179)
千利休 [せんのりきゅう] 16, 17, 140
草 [そう] 157, (174, 175)

相阿弥［そうあみ］ 155

【夕】

醍醐寺［だいごじ］ (60, 191)
太子堂［たいしどう］ (64)
大徳寺［だいとくじ］ (62)
対屋［たいのや］ 12, (13)
台輪［だいわ］ 187
台湾［たいわん］ 4
筍面［たけのこめん (づら)］ 187
畳［たたみ］ 7, 11, 13, 15, (17, 37), 52, (54), 59, 60, 69, (81), 79, 86, 88, (99), 93, 118, (134, 135), 121, 122, 127, (165), 184, 185
畳寄せ［たたみよせ］ 187
橘夫人［たちばなふじん］ 11, (12)
竪框［たてがまち］ 188
竪子［たてこ］ 188
棚［たな］ 14, 15, (21, 38), 52, 54, 56, 57, 58, 60, 61, (55～57, 59～61, 65～69), 69, (91, 100, 110), 187
棚板［たないた］ 61
棚束［たなづか］ 187
垂木掛け［たるきがけ］ 118, (135), 186
違棚［ちがいだな］ (59), 61, 111
違棚板［ちがいだないた］ 187
茶室［ちゃしつ］ (5), 16, (22, 40, 44, 45, 64, 68, 70), 124, 126, (143, 144), 155
茶庭［ちゃにわ］ 16, 155, 156, (176 178)
茶の湯［ちゃのゆ］ 16, 59
中鴨居［ちゅうかもい］ 187
聴秋閣［ちょうしゅうかく］ (27)
手水鉢［ちょうずばち］ 156, 157, (179, 194, 195)
狆潜［ちんくぐり］ 61
束［つか］ 115, (134)
栂［つが］ 109
築山［つきやま］ 153, 156
蹲［つくばい］ 155, 157, (178)
付鴨居［つけがもい］ 187
付書院［つけしょいん］ 69, (72～74, 100)
坪［つぼ］ 93, 105, 172, 181, 183
梅雨［つゆ］ 4

吊束 (釣束)［つりづか］ 187
釣床［つりどこ］ (58), 59, 60
釣殿［つりどの］ 12, (13)
出窓［でまど］ 79
天井板［てんじょういた］ (57), 118, (135, 142), 124, 126, 187
天井格縁［てんじょうごうぶち］ 187
天井棹縁［てんじょうさおぶち］ 118, (135), 124, 187
天井長押［てんじょうなげし］ 60, 118, (135), 122, 187
天井回り縁［てんじょうまわりぶち］ 118, (135), 122, 124, 184, 185, 187
天地根元宮造［てんちこんげんのみやづくり］ 11
天袋［てんぶくろ］《＝袋棚［ふくろだな］》 (59), 61, 187
伝法堂［でんぽうどう］ 11, (12)
天竜寺［てんりゅうじ］ 155
東京［とうきょう］ XI, (1 3), 52, 124, 127, 145, 147, (168, 169), 172, 174, (193～ 195, 197～202), 181, 183
東求堂［とうぐどう］ 15
同潤会［どうじゅんかい］ 172, 181
徳川幕府［とくがわばくふ］ 17
床 (床の間)［とこ (とこのま)］ 15, (21, 22, 40), 52, 54, 56, 58～61, (54 65), 69, (100, 110), 111, 124, 182, 187,
床框［とこがまち］ 59, 60, (167), 187
床柱［とこばしら］ (57), 59, 60, (130, 167), 187
床脇［とこわき］ (59), 61, (66～69, 100), (134), 188
土台［どだい］ 115, 118, (134, 135, 137), 184
飛石［とびいし］ 155
戸袋［とぶくろ］ (134), 137, 138, (157, 158)

【ナ】

中格子［なかごうし］ 188
中桟［なかざん］ 188
長野［ながの］ (117)

217

中舞良 [なかまいら] 188
長押 [なげし] 60, 118, (134, 135), 122, (141), 127, 184, 185
名古屋 [なごや] (64)
奈良 [なら] (12)
南禅寺金地院 [なんぜんじ・こんちいん] (65)
二階厨子 [にかいずし] 14, (17)
西本願寺 [にしほんがんじ] (24)
仁和寺 [にんなじ] (176)
貫 [ぬき] 115, 118, (134, 135), 122, 185, 188
根石 [ねいし] 115, 118, (134, 135)
根太 [ねだ] 115, 118, (134, 135), 121, 185, 186
軒桁 [のきげた] 115, 118, (135), 184, 185
軒先裏板 [のきさきうらいた] 185
野垂木 [のだるき] 118, (135), 185, 186

【ハ】

掃出窓 [はきだしまど] 84, 147
柱 [はしら] 6, 9, 11, 59, 60, (91, 100, 103), 111, 115, (131, 133), 118, (135)
鼻隠 [はなかくし] 185
半長押 [はんなげし] 187
飛雲閣 [ひうんかく] (22, 24)
東山殿 [ひがしやまどの] 15
庇 [ひさし] 12, (14)
肘掛窓 [ひじかけまど] (134), 127, (153～155), 184
一筋鴨居 [ひとすじがもい] 186
檜 [ひのき] 13, (57, 87, 95), 106, 109, 111, (117, 118, 126, 130), 121
火鉢 [ひばち] 149
白檀 [びゃくだん] 60, 111
屏風 [びょうぶ] 14
平書院 [ひらしょいん] 69, (72, 75, 100)
平庭 [ひらにわ] 157
広小舞 [ひろこまい] 118, (135), 185, 186
福井 [ふくい] (68)
福島 [ふくしま] (124)
袋棚 [ふくろだな] 《=天袋 [てんぶくろ]》 (59), 61, 187
袋棚板 [ふくろだないた] (59), 187
袋床 [ふくろどこ] (58), 59
武家造 [ぶけづくり] 14, (21)
襖 [ふすま] 13, 51, 53, (52, 57, 59, 101), 111, 115, (134), 130, 131, (145, 150～152), 140, 184, 188
筆返し [ふでかえし] 187
ふとん 7, 121
踏込床 [ふみこみどこ] (58), 59
古田織部 [ふるた・おりべ] 60
法然 [ほうねん] (74)
法隆寺 [ほうりゅうじ] 11, (12)
洞床 [ほらどこ] (58), 59
本床 [ほんどこ] (58), 59

【マ】

舞良戸 [まいらど] 139, (160), 188
松 [まつ] (95), 107, 109, 111, (122), 156
丸太 [まるた] 111
丸太縁桁 [まるたえんげた] 118, (135), 186
丸床柱 [まるとこばしら] 187
三重 [みえ] (9, 11)
磨き丸太 [みがきまるた] (91), 111, (130, 167)
水腰障子 [みずこししょうじ] 130, (146, 149)
水屋 [みずや] 16
宮城 [みやぎ] (125)
夢窓国師 [むそうこくし] 155
無双窓 [むそうまど] 132, (156, 158, 159), 147
棟木 [むなぎ] 185
無目鴨居 [むめがもい] 186
面皮材 [めんがわざい] (91), 111, (130)
母屋 [もや] 11, 12, (14), 115, (134), 185

【ヤ】

養浩館 [ようこうかん] (68)
横浜 [よこはま] (25～27)
淀 [よど] 118, (135), 186

【ラ】

欄間 [らんま] (39, 134), 118, (135), 127,

(140), 140, (163, 166), 147
欄間鴨居［らんまかもい］ 118, (135), 187
欄間敷居［らんましきい］ 118, (135), 187
欄間障子［らんましょうじ］ 118, (135)
竜安寺［りょうあんじ］ 155, (173)
隣雲亭［りんうんてい］ (48, 49)
臨春閣［りんしゅんかく］ (25, 26)
鹿苑寺［ろくおんじ］ 15, (23), 155

【原著者】

吉田鉄郎
よしだ・てつろう／建築家

1894年　5月18日、富山県の五島家に生まれる（1919年に吉田姓となる）
1915年　第四高等学校卒業
1919年　東京帝国大学建築学科卒業、逓信省経理局営繕課に勤務
　　　　以降、逓信省技師として設計活動に精力を注ぎ、「逓信建築」の黄金時代を築く。
1931～32年　欧米出張
1946年　日本大学教授。宮内省主殿寮嘱託、鹿島建設設計顧問を兼任
1949年　脳腫瘍発病
1956年　逝去（享年62歳）

受賞
帝都復興記念賞（1931）、日本建築学会賞（1952年度、著書『Japanische Architektur』）

おもな建築作品
京都七条郵便局（1922）、京都中央電話局（1926、現「新風館」、増改築設計：NTTファシリティーズ＋リチャード・ロジャース・パートナーシップ・ジャパン、2001）、馬場牛込邸（1928）、東京中央郵便局（1931、DOCOMOMO JAPAN 20選）、馬場烏山別邸（1937）、大阪中央郵便局（1939）

おもな著作
『Das Japanische Wohnhaus』（日本の住宅、独ヴァスムート社、1935）、『タウト著作集』（訳、育生社、1946、1948）、『Japanische Architektur』（日本の建築、独ヴァスムート社、1952）、『Der Japanische Garten』（日本の庭園、同社、1957）、『スウェーデンの建築家』（彰国社、1957）、『吉田鉄郎建築作品集』（吉田鉄郎建築作品集刊行会編、東海大学出版会、1968）

【監修者】

近江榮　おおみ・さかえ
建築史家。一九二五年東京都生まれ。五十年日本大学工学部（現・理工学部）建築学科卒業。工学博士。現在日本大学名誉教授、中央工学校STEP館長、建築家フォーラム代表幹事。主著に「建築設計競技」鹿島出版会、「光と影、甦る近代建築史の先駆者たち」相模書房。

【訳者】

向井覚　むかい・さとる
建築家。一九二二年北海道生まれ。四四年東京帝国大学建築学科卒業。逓信省に入省後、日本電信電話公社建築局次長を経て、共立建設社長、第一建築社長、東京建築士会会長を歴任。主著に「建築家・吉田鉄郎の手紙」（共編）鹿島出版会、「建築家吉田鉄郎とその周辺」相模書房。

大川三雄　おおかわ・みつお
建築史家。一九五〇年群馬県生まれ。七三年日本大学理工学部建築学科卒業、七五年同大学院博士前期課程修了。現在、日本大学理工学部専任講師。博士（工学）。主著に「図説・近代日本住宅史」鹿島出版会「近代和風建築」エクスナレッジ「図説 近代建築の系譜」彰国社（以上共著）。

田所辰之助　たどころ・しんのすけ
ドイツ近代建築史。一九六二年東京都生まれ。八六年日本大学理工学部建築学科卒業、九四年同大学院博士後期課程修了。現在、日本大学短期大学部専任講師。博士（工学）。主著に「建築モダニズム」エクスナレッジ（共著）。

無断転載を禁じます。

落丁・乱丁本はお取替えいたします。

SD選書 237

建築家・吉田鉄郎の『日本の住宅』
DAS JAPANISCHE WOHNHAUS, 1935

発行　二〇〇二年六月二五日　第一刷 ©
　　　二〇〇七年一月二〇日　第四刷

監修者　近江榮
訳者　向井覚　大川三雄　田所辰之助
発行者　井田隆章
印刷　半七写真印刷工業　製本　牧製本
発行所　鹿島出版会
　　　一〇七-八三二四五　東京都港区赤坂六丁目五番三号
　　　電話　〇三（五五六二）三五五〇
　　　振替　〇〇一六〇-二-一八〇八八三

ISBN4-306-05237-0 C1352　Printed in Japan

本書の内容に関するご意見・ご感想は下記までお寄せください。
URL: http://www.kajima-publishing.co.jp
E-mail: info@kajima-publishing.co.jp

番号	タイトル	著者/編者	訳者/その他
179*	風土に生きる建築		若山滋著
180*	金沢の町家		島村昇著
181*	ジュゼッペ・テラーニ	B・ゼーヴィ編	鵜沢隆訳
182	水のデザイン	D・ベーミングハウス著	鈴木信宏訳
183*	ゴシック建築の構造	R・マーク著	飯田喜四郎訳
184	建築家なしの建築	B・ルドフスキー著	渡辺武信訳
185	プレシジョン(上)	ル・コルビュジエ著	井田安弘他共訳
186	プレシジョン(下)	ル・コルビュジエ著	井田安弘他共訳
187	オットー・ワーグナー	H・ゲレツェッガー他共著	伊藤哲夫他共訳
188	環境照明のデザイン		石井幹子著
189	ルイス・マンフォード		木原武一著
190	「いえ」と「まち」		鈴木成文他共著
191	アルド・ロッシ自伝	A・ロッシ著	三宅理一訳
192	屋外彫刻	M・A・ロビネット著	千葉成夫訳
193	『作庭記』からみた造園		飛田範夫著
194	トーネット曲木家具	K・マンク著	宿輪吉之典訳
195	劇場の構図		清水裕之著
196	オーギュスト・ペレ		吉田鋼市著
197	アントニオ・ガウディ		鳥居徳敏著
198	インテリアデザインとは何か		三輪正弘著
199*	都市住居の空間構成		東孝光著
200	ヴェネツィア	F・オットー著	陣内秀信著
201	自然な構造体	F・オットー著	岩村和夫訳
202	椅子のデザイン小史		大廣保行著
203	都市の道具	GK研究所・榮久庵祥二著	平野哲行訳
204	ミース・ファン・デル・ローエ	D・スペース著	長谷川章訳
205	表現主義の建築(上)	W・ペーント著	長谷川章訳
206	表現主義の建築(下)	W・ペーント著	浜口オサミ訳
207	カルロ・スカルパ	A・F・マルチャノ著	材野博司訳
208	都市の街割		土田旭著
209	日本の伝統工具		秋山実写真
210	まちづくりの新しい理論	C・アレグザンダー他著	難波和彦監訳
211	建築環境論		岩村和夫訳
212	建築計画の展開	W・M・ペニヤ著	本田邦夫訳
213	スペイン建築の特質	F・チュエッカ著	鳥居徳敏訳
214	アメリカ建築の巨匠たち	P・ブレイク他著	小林克弘他共訳
215	行動・文化とデザイン		清水忠男著
216	環境デザインの思想		三輪正弘著
217	ボッロミーニ	G・C・アルガン著	長谷川正允訳
218	ヴィオレル・デュク		羽生修二著
219	トニー・ガルニエ		吉田鋼市著
220	住環境の都市形態	P・パヌレ他共著	佐藤方俊訳
221	古典建築の失われた意味	G・ハージー著	白井秀和訳
222	パラディオへの招待		長尾重武著
223	ディスプレイデザイン		清家清序文
224	芸術としての建築	S・アバークロンビー著	白井秀和訳
225	フラクタル造形		三井秀樹著
226	ウィリアム・モリス		藤田治彦著
227	エーロ・サーリネン		穂積信夫著
228	都市デザインの系譜	相田武文、土屋和男共著	
229	サウンドスケープ		鳥越けい子著
230	風景のコスモロジー		吉村元男著
231	庭園から都市へ		材野博司著
232	都市・住宅論		東孝光著
233	ふれあい空間のデザイン		清水忠男著
234	さあ横になって食べよう	B・ルドフスキー著	多田道太郎監修
235	間(ま)——日本建築の意匠		神代雄一郎著
236	都市デザイン	J・バーネット著	兼田敏之訳
237	建築家・吉田鉄郎の『日本の住宅』		吉田鉄郎著
238	建築家・吉田鉄郎の『日本の建築』		吉田鉄郎著
239	建築家・吉田鉄郎の『日本の庭園』		吉田鉄郎著
240	建築史の基礎概念	P・フランクル著	香山壽夫監訳
241	アーツ・アンド・クラフツの建築		片木篤著
242	ミース再考	K・フランプトン他著	澤村明+EAT訳

No.	タイトル	著者	訳者
086	建築2000	C・ジェンクス著	工藤国雄訳
087	日本の公園		田中正大著
088*	現代芸術の冒険		黒川紀章著
089	江戸建築と本途帳	O・ビハリメリン著	坂崎乙郎他共訳
090*	大きな都市小さな部屋		渡辺武信著
091	イギリス建築の新傾向	R・ランダウ著	西和夫著
092*	SD海外建築情報V		鈴木博之訳
093*	IDの世界		岡田新一編
094*	SD海外建築情報VI		豊口協著
095	交通圏の発見		有末武夫著
096	続住宅論		篠原一男著
097*	建築とは何か	B・タウト著	かいがい一男著
098	続住宅論		長谷川堯著
099*	都市の景観	G・カレン著	北原理雄訳
100*	都市空間と建築	U・コンラーツ著	伊藤哲夫訳
101	環境ゲーム	T・クロスビィ著	岡平誠訳
102*	アテネ憲章	ル・コルビュジエ著	吉阪隆正訳
103	ブライド・オブ・プレイス	シヴィック・トラスト著	井手久登他共訳
104*	構造と空間の感覚	F・ウィルソン著	山本学治他共訳
105*	現代民家と住環境体		大野勝彦著
106	光の死	H・ゼーデルマイヤ著	森洋子訳
107*	アメリカ建築の新方向	R・スターン著	鈴木訳
108*	近代都市計画の起源	L・ベネヴォロ著	横山正訳
109*	中国の住宅	劉敦楨著	田中淡他共訳
110	現代のコートハウス	D・マッキントッシュ著	北原理雄訳
111	モデュロール	ル・コルビュジエ著	吉阪隆正訳
112	モデュロールII	ル・コルビュジエ著	吉阪隆正訳
113*	建築の史的原型を探る	B・ゼーヴィ著	栗田勇訳
114*	西欧の芸術1 ロマネスク上	H・フォション著	神沢栄三他共訳
115*	西欧の芸術1 ロマネスク下	H・フォション著	神沢栄三他共訳
116	西欧の芸術2 ゴシック上	H・フォション著	神沢栄三他共訳
117	西欧の芸術2 ゴシック下	H・フォション著	神沢栄三他共訳
118	アメリカ大都市の死と生	J・ジェイコブス著	黒川紀章訳
119	遊び場の計画	R・ダットナー著	神谷五男他共訳
120	人間の家	ル・コルビュジエ他共著	西沢信弥訳
121	街路の意味		竹山実著
122*	パルテノンの建築家たち	R・カーペンター著	松島道也訳
123	ライトと日本		谷川正己著
124	空間としての建築(上)	B・ゼーヴィ著	栗田勇訳
125	空間としての建築(下)	B・ゼーヴィ著	栗田勇訳
126	かいおい[日本の都市空間]		材野博司他編
127*	歩行者革命	S・ブライネス他著	宮本雅明訳
128	オレゴン大学の実験	C・アレグザンダー著	宮本雅明訳
129	都市はふるさとか	F・レッツローイス著	中村貴志訳
130	建築空間「尺度について」	P・プドン著	長尾重武訳
131	タリアセンへの道	V・スカーリー Jr.著	谷川正己訳
133	建築 VS. ハウジング	M・ポウリー著	尾島博訳
134	思想としての建築		栗田勇他共訳
135*	人間のための都市	P・ペータース著	河合正一訳
136	都市憲章		大野勝彦著
137*	巨匠たちの時代	R・バンハム著	水空間の演出
138	三つの人間機構	ル・コルビュジエ著	山下泉訳
139	インターナショナル・スタイル	H・R・ヒチコック他著	山口知之訳
140	北欧の建築	S・E・ラスムッセン著	吉田鉄郎訳
141	建築とは何か	B・タウト著	篠田英雄訳
143	四つの交通路	ル・コルビュジエ著	井田安弘訳
144	ラスベガス	R・ヴェンチューリ他共著	石井和紘他訳
145	ル・コルビュジエ		佐々木宏訳
146	デザインの認識		加藤常雄著
147	鏡[虚構の空間]	R・ソマー著	由水常雄他訳
148*	イタリア都市再生の論理		陣内秀信著
149	東方への旅	ル・コルビュジエ著	石井勉他訳
150	建築鑑賞入門	W・W・コーディル他共著	六鹿正治訳
151*	近代建築の失敗	P・ブレイク著	星野郁美訳
152	文化財と建築史		関野克著
153*	日本の近代建築(上)その成立過程		稲垣栄三著
154	日本の近代建築(下)その成立過程		稲垣栄三著
155	住宅と宮殿	ル・コルビュジエ著	井田安弘訳
156*	イタリアの現代建築	V・グレゴッティ著	松井宏方訳
157*	パウハウス	ル・コルビュジエ監修	山口知之訳
159	エスプリ・ヌーヴォー[近代建築名鑑]		杉本俊多訳
160*	建築について(上)	F・L・ライト著	谷川睦子他共訳
161	建築について(下)	F・L・ライト著	谷川睦子他共訳
163*	建築形態のダイナミクス(上)	R・アルパイ著	乾正雄訳
164	建築形態のダイナミクス(下)	R・アルパイ著	乾正雄訳
165*	見えがくれする都市	G・パーク著	槙文彦他共著
166*	環境計画論		田村明著
168	アドルフ・ロース		伊藤哲夫他著
169*	装置としての都市		月尾嘉男著
170	ブルネッレスキ ルネサンス建築の開花	G・C・アルガン著 浅井朋子訳	石井和紘他訳
171	ペルシア建築	A・U・ポープ著	石井昭訳
172	建築家たちの時代	D・ワトキンス著	榎本弘之訳
173	日本の空間構造		吉村貞司著
174*	建築の多様性と対立性	R・ヴェンチューリ著	伊藤公文訳
175	広場の造形	C・ジッテ著	大石敏雄訳
176	西洋建築様式史(上)	F・バウムガルト著	杉本俊多訳
177	西洋建築様式史(下)	F・バウムガルト著	杉本俊多訳
178	木のこころ 木匠回想記	G・ナカシマ著	神代雄一郎他共訳

SD選書目録
四六判 (*=品切)

- 001 現代デザイン入門　勝見勝著
- 002* 現代建築12章　L・カーン他共著　山本学治訳編
- 003* 都市とデザイン　栗田勇著
- 004 江戸と江戸城　内藤昌著
- 005* 日本デザイン論　伊藤ていじ著
- 006* ギリシア神話と壺絵　沢柳大五郎著
- 007* フランク・ロイド・ライト　谷川正己著
- 008* きもの文化史　河鰭実英著
- 009* 素材と造形の歴史　山本学治著
- 010* 今日の装飾芸術　ル・コルビュジエ著　前川国男訳
- 011* コミュニティとプライバシイ　C・アレグザンダー他共著　岡田新一訳
- 012 新桂離宮論　内藤昌著
- 013* 日本の工匠　伊藤ていじ著
- 014 現代絵画の解剖　木村重信著
- 015 ユルバニスム　ル・コルビュジエ著　樋口清訳
- 016* デザインと心理学　穐山貞登著
- 017* 私と日本建築　A・レーモンド著　三沢浩訳
- 018* 現代建築を創る人々　神代雄一郎編
- 019 芸術空間の系譜　高階秀爾著
- 020* 建築美の特質　吉村貞司著
- 021 建築をめざして　ル・コルビュジエ著　吉阪隆正訳
- 022 メガロポリス　J・ゴットマン著　木内信蔵他共訳
- 023 日本の庭園　田中正大著

- 024* 明日の演劇空間　尾崎宏次著
- 025 都市形成の歴史　A・コーン著　星野芳久訳
- 026* 近代絵画　水尾比呂志著
- 027 イタリアの美術　吉川逸治訳編
- 028 明日の田園都市　A・ハワード著　長素連訳
- 029* 移動空間論　川添登著
- 030* 都市問題とは何か　R・バーノン著　蕗谷龍生訳
- 031* 日本の近世住宅　平井聖著
- 032* 人間環境の未来像　W・R・イーウォルド編　曽根幸一他共訳
- 033 輝く都市　ル・コルビュジエ著　坂倉準三訳
- 034 アルヴァ・アアルト　武藤章著
- 035 幻想の建築　坂崎乙郎著
- 036 カテドラルを建てた人びと　J・ジャンペル著　飯田喜四郎訳
- 038* 日本建築の空間　浅田孝著
- 039* 環境開発論　加藤秀俊著
- 040* 都市と娯楽　山本学治編
- 041* 郊外都市論　H・カーヴァー著　志水英樹訳
- 042* 都市文明の源流と系譜　藤岡謙二郎著
- 043 道具考　榮久庵憲三著
- 044* ヨーロッパの造園　岡崎文彬著
- 045 未来の交通　H・ヘルマン著　岡寿麿訳
- 046 古代技術　H・ディールス著　平田寛訳
- 047 キュビスムへの道　D・H・カーンワイラー著　千足伸行訳
- 048* 近代建築再考　藤井正一郎訳
- 049 古代科学　J・L・ハイベルク著　平田寛訳
- 050* 住宅論　篠原一男著
- 051* ヨーロッパの住宅建築　S・カンタクジーノ著　山下和正訳
- 052* 都市の魅力　清水馨八郎・服部鉦二郎共著
- 053 東照宮　大河直躬著
- 054* 茶匠と建築　中村昌生著
- 055 住居空間の人類学　石毛直道著

- 056 空間の生命　人間と建築　坂崎乙郎著
- 057* 環境とデザイン　G・エクボ著　久保貞訳
- 058 日本美の意匠　佐々木宏著
- 059* 新しい都市の人間像　R・イールズ共編　水尾比呂志他著
- 060* 京の町家　島村昇監訳
- 061 住まいの原型I　泉靖一編
- 063* コミュニティ計画の系譜　V・スカーリー著　片桐達夫訳
- 064* SD海外建築情報I　磯崎新他編　長尾重武訳
- 065* SD海外建築情報II　磯崎新編
- 066 天工の館　J・サマーソン著　鈴木博之訳
- 067 木の文化　小原二郎著
- 068* SD海外建築情報III　磯崎新編
- 069* 地域・環境・計画　水谷穎介訳
- 070* 都市虚構論　池田亮二著
- 071 現代建築事典　W・ペーント編　浜口隆一他版監修
- 073* ヴィラール・ド・オヌクールの画帖　藤本康雄著
- 074* タウンスケープ　T・シャープ著　渡辺明次訳
- 075 現代建築の源流と動向　L・ビルベザイマー著　渡辺明次訳
- 076 部族社会の芸術家　M・W・スミス編　木村重信他共訳
- 077 キモノ・マインド　B・ルドフスキー著　新庄哲夫訳
- 078 住まいの原型II　吉阪隆正他共編
- 079* 実存・空間・建築　C・ノルベルグ＝シュルツ著　加藤邦男訳
- 080* SD海外建築情報IV　岡田新一編
- 081 都市の開発と保存　上田篤、鳴海邦碩共編
- 082* 爆発するメトロポリス　W・H・ホワイト共他編　小島将志訳
- 083 アメリカのアーバニズム（上）　V・スカーリー著　香山壽夫訳
- 084* アメリカの建築とアーバニズム（下）　V・スカーリー著　香山壽夫訳
- 085 海上都市　中村昌生著
- 085 アーバン・ゲーム　M・ケンツレン著　北原理雄訳